Der ETF-Booster für Ihre Geldanlage

Thomas Stoll

Der **ETF-Booster** für Ihre Geldanlage

Stiftung Warentest

Inhaltsverzeichnis

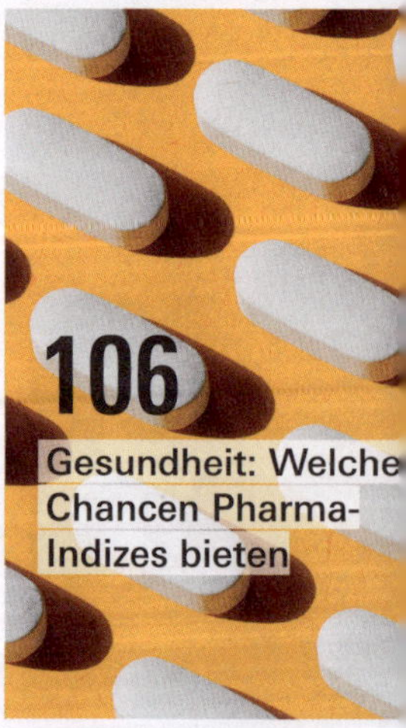

34

Gut gemischt: Die optimale Aufteilung für Ihr Portfolio

93

Schwellenländer: So setzt man sicher auf aufstrebende Märkte

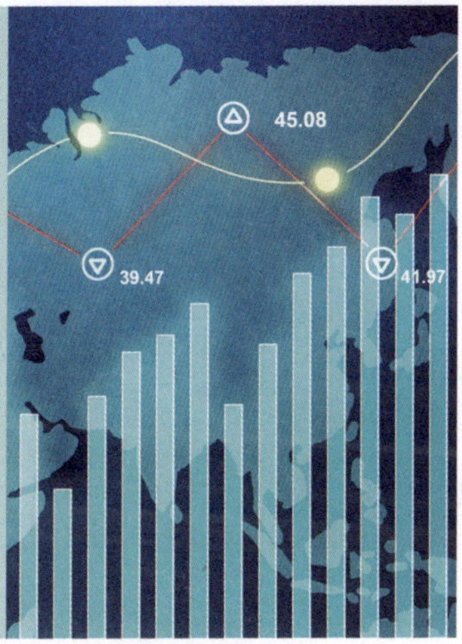

126

Faktor-Strategien: Mit welcher Beimischung sich der MSCI World übertreffen lässt

Was wollen Sie wissen?

Sie haben bereits in weltweit anlegende Indexfonds investiert und sind nun auf der Suche nach einer Methode, mehr Rendite zu erzielen? Welche Beimischungen Sie wählen können, um individuelle Anlage-Ideen Wirklichkeit werden zu lassen, lesen Sie in diesem Buch. Und wir sagen Ihnen auch, wie diese Konzepte bislang gelaufen sind.

Was ist ein ETF-Booster?

Der Begriff „Booster" ist den meisten Menschen seit der Corona-Pandemie bekannt. Seit dieser Zeit steht er für eine Wiederholungsimpfung, die den Impfschutz verbessern soll.

Beim ETF-Booster geht es ebenfalls um eine Verbesserung: Das Verhältnis von Rendite und Risiko in einem Portfolio soll günstiger werden. Für die meisten Anlegenden steht dabei der Aspekt „Mehr Rendite bei gleichem oder geringerem Risiko" im Vordergrund. Hier setzt der Booster an. Mit anderen Worten: Ein Anlagekonzept, das auf Exchange Traded Funds (ETF) basiert, soll durch den Booster optimiert werden.

Womit Anlegende boostern können, davon handelt dieser Ratgeber. Meist sind es Aktien-ETF, aber nicht immer. Auch von aktiv gemanagten Fonds, Rohstoffen und Gold wird die Rede sein. Wie so häufig in der Geldanlage gibt es mehrere Wege zum Ziel, und manche Strategie kann sich auch als Irrweg erweisen. Chancen und Risiken gibt es viele, aber keine Erfolgsgarantien.

Wie kann ich eigene Anlageideen ohne zu großes Risiko umsetzen?

Finanztest hat schon vor elf Jahren das Konzept der Pantoffel-Portfolios vorgestellt. Sie sind für Anlegende bequem zu handhaben – daher der Name – und bestehen aus maximal drei Bestandteilen. Der Welt-Pantoffel, den wir auch heute noch als Basisanlage empfehlen, hat sogar nur zwei Bausteine: eine Zinsanlage, zum Beispiel Tages- oder Festgeld, als Sicherheitsbaustein und einen weltweit anlegenden ETF auf den Index MSCI World oder einen vergleichbaren Index als Renditebaustein. Wer nun beispielsweise der Ansicht ist, die Anlage in Schwellenländer lohne sich, der kann sich für den Schwellenländer-Pantoffel entscheiden, der auch Aktien aus diesen Märkten enthält. Gleiches gilt für Freunde von Gold oder Rohstoffen oder für Anlegende, die auf Europa, auf kleinere Unternehmen oder nachhaltige Geldanlage setzen wollen. Ihnen bieten die Pantoffel-Varianten Konzepte, mit denen sie ihren speziellen Wunsch ohne ein allzu großes zusätzliches Risiko umsetzen können. Zur Wahrheit gehört aber auch: Die wenigsten Pantoffel-Varianten haben auf Dauer besser abgeschnitten als der ganz normale Welt-Pantoffel. Mehr dazu lesen sie ab Seite 54.

Wie finde ich die richtigen Beimischungen zum Portfolio?

Was Sie beimischen, hängt im ersten Schritt davon ab, welcher Anlegerinnen- oder Anlegertyp Sie sind. Wer nur mit 25 Prozent seines Portfolios in Aktien-ETF anlegt, sollte keinen Gedanken daran verschwenden. Anders sieht das für diejenigen aus, die mit 50 oder 75 Prozent ins Risiko gehen. Sie können sich darüber Gedanken machen.

Dabei ist zu beachten: Nicht alle Beimischungen harmonieren gut mit der Basisanlage. Wer zum Beispiel einen ETF auf den MSCI World mit einem Technologie-ETF kombiniert, sollte wissen, dass er damit Werte wie Apple oder Microsoft übergewichtet, weil diese in beiden Indizes ein großes Gewicht haben. Wenn das die Absicht ist, dann passt die Beimischung. Ansonsten eignet sich möglicherweise ein Exchange Traded Commodity (ETC) auf Gold besser, weil der Preis für das gelbe Metall sich oft unabhängig vom Weltaktienmarkt entwickelt. Mehr dazu ab Seite 88.

Wie aufwendig ist das Boostern?

Vor den Erfolg haben die Götter den Schweiß gesetzt. Wer boostert, macht sich automatisch mehr Arbeit, weil er nicht nur ein Portfolio und einen Aktienbaustein überwachen muss, sondern mehrere Komponenten. Der klassische Weltpantoffel zum Beispiel hätte in den letzten drei Jahrzehnten nur wenige korrigierende Eingriffe erfordert, die sich an ein bis maximal zwei Händen abzählen lassen. Die wären notwendig, weil das Portfolio sich durch unterschiedliche Wertentwicklung von Aktien und Zinsanlagen zu weit von der ursprünglichen Gewichtung entfernt hätte. Anders sieht es bei geboosterten Portfolios aus. Bei ihnen kann es je nach Ausrichtung notwendig werden, mehrmals pro Jahr einzugreifen. Die Aufwände des Boosterns lernen Sie ab Seite 32 kennen.

Mit welcher Zusatzrendite kann ich rechnen?

Diese Frage ist pauschal gar nicht zu beantworten. Sie hängt davon ab, welche Beimischung mit welchem Ausgangsportfolio kombiniert und welcher Zeithorizont betrachtet wird. Bei den Varianten des Pantoffels wäre ein halber Prozentpunkt mehr schon ein sehr guter Wert (siehe Seite 56). Bei den Smart-Beta-Strategien gibt es einzelne, die auch einmal zwei Prozentpunkte mehr gebracht haben (siehe Seite 126). Aber wie gesagt: Garantien gibt es nicht, und Anlegende brauchen einen langen Atem. Außerdem sind Booster-Strategien wie Smart Beta mit höheren Kosten verbunden und können auch mal erheblich schlechter abschneiden als die Messlatte „ETF auf den MSCI World". ETF-Anlagen, die mehr Rendite bringen und weniger Risiko enthalten als der MSCI World, sind ungefähr so häufig anzutreffen wie vierblättrige Kleeblätter.

Lässt sich mit Beimischungen ein Absturz des MSCI World abfangen?

Ein klares Nein, wenn Abfangen bedeutet, dass die Beimischung den Verlust aus dem MSCI World kompensiert. Das wäre in der Vergangenheit nicht einmal mit einem ETC auf Gold gelungen, obwohl Gold und Aktien sich weitestgehend unabhängig voneinander entwickeln. Am Ende stecken in allen Aktien-ETF, wie die Bezeichnung nahelegt, Aktien. Und die sind nun mal riskant. Und wenn es an der Börse bergab geht, dann ist das meist ein weltweites Phänomen, wenn auch in unterschiedlich starker Ausprägung und manchmal mit einem gewissen zeitlichen Versatz. Die Maximalverluste an den Märkten unterscheiden sich nicht so stark, dass Anlegende daraus Trost und Hoffnung schöpfen könnten. Allerdings gibt es bei den Smart-Beta-Strategien eine namens Low Volatility (siehe Seite 141), die unterm Strich weniger Rendite kostet, als sie Schwankungen herausnimmt. Das wäre ein möglicher Ansatz, sich zumindest teilweise gegen Abstürze zu versichern. Die eigentliche Absicherung des Portfolios erfolgt jedoch durch den Sicherheitsbaustein, eine Zinsanlage.

Wie kontrolliere ich meinen Erfolg?

Als Referenzpunkt für das eigene, geboosterte Portfolio sollte der MSCI World dienen. Darüber hinaus gibt es Fondsgruppen und -familien, an denen sich Anlegende orientieren können. Mehr als 23000 Fonds, darunter 3000 ETF, finden sich in der Fondsdatenbank von Finanztest unter test.de/fonds (mit test.de-Flatrate kostenfrei zugänglich). Kontrolle enthält idealerweise auch immer den Aspekt der Steuerung. Dabei gilt es, nicht in Hektik zu verfallen, wenn die Märkte oder die eigene Strategie mal nicht so laufen wie erhofft. Ein beachtlicher Teil des Erfolgs beim Pantoffel-Portfolio resultiert daraus, dass Anlegerinnen und Anleger dabeibleiben und zu günstigen Preisen antizyklisch nachkaufen. Das ist der große Vorteil eines regelgebundenen Konzepts.

Bereit zum Durchstarten

Sie wünschen mehr Rendite? Bevor Sie Ihr Portfolio boostern, sollten Sie prüfen, ob Sie die Grundlagen richtig gelegt haben. Das lohnt sich auch für erfahrene Anlegende.

Glückwunsch – Sie haben sich entschieden, Ihre Geldanlage selbst in die Hand zu nehmen und möglichst das Rendite-Risiko-Profil Ihres Portfolios zu verbessern. Das bedeutet: Sie erhöhen durch eine Veränderung der Mischung und Streuung entweder die Rendite Ihrer Geldanlage, ohne dabei das Risiko zu vergrößern.

Oder Sie verringern das Risiko Ihres Portfolios, ohne dadurch Rendite zu verlieren. Wenn mehr Rendite nur noch auf Kosten von mehr Risiko möglich ist, nennen Fachleute das Portfolio „effizient".

In der Praxis gibt viele effiziente Rendite-Risiko-Kombinationen. Wählen Sie daher diejenige mit dem maximalen Risiko, das Sie zu tragen bereit sind. Das klingt zunächst sehr theoretisch. Doch seit 2013 zeigt Finanztest Anlegerinnen und Anlegern einen praktischen und einfachen Weg, an den Chancen der Wertpapiermärkte teilzuhaben, ohne zu hohe Risiken einzugehen.

Unser Basis-Portfolio ist so einfach und bequem wie ein Pantoffel und heißt deshalb auch so: Pantoffel-Portfolio. Es besteht aus einer Zinsanlage, die als Sicherheitskomponente das Risiko unter Kontrolle hält, und aus einer Aktienkomponente, die die Chancen der Börse nutzbar machen soll. Für Letztere kommen stets Exchange Traded Funds (ETF) zum Einsatz, da diese kostengünstig und rentabel sind.

ETF sind breit anlegende Aktienfonds, die einen Index abbilden – zum Beispiel den MSCI World, der sich aus rund 1500 Aktien aus 23 Industrieländern zusammensetzt.

Schon von Beginn an gab es Varianten des Pantoffels, die allesamt das Ziel haben, Ihre Bedürfnisse als Investorinnen und Investoren noch besser abzubilden. Mit der Zeit wuchs die Zahl der Varianten.

Darüber hinaus haben viele von Ihnen den Wunsch, das Pantoffel-Portfolio durch individuelle Beimischungen auch jenseits des ETF-Spektrums zu ergänzen. Dieses Buch zeigt Ihnen, wie Sie auf einfache Weise Ihre Renditechancen erhöhen können: So wie in der Raketentechnik ein Booster zusätzlich Schub gibt, können die im Folgenden vorgestellten Strategien die Performance Ihrer Investments steigern: Sie dienen als Booster fürs Portfolio.

Doch bevor wir uns mit den Pantoffel-Varianten und Beimischungen beschäftigen, sollten Sie prüfen, ob Sie die Grundlagen solide gelegt haben. Dies ist auch für erfahrene Pantoffel-Anlegende sinnvoll. Zum Glück sind Sie mit dem Pantoffel-Portfolio so flexibel, dass Sie bei Bedarf jederzeit korrigierend eingreifen können.

Welcher Anlagetyp sind Sie?

Ob ein Investment passt, hängt von den Präferenzen der Anlegenden hinsichtlich Rendite und Risiko ab. Für immer mehr Menschen spielt die Nachhaltigkeit dabei eine wichtige Rolle.

Wer Geld anlegt, will nicht nur, dass es sich vermehrt. In der Regel wollen Anlegerinnen und Anleger auch, dass ihr Geld sicher ist und sie jederzeit darauf zugreifen können. Damit ist das magische Dreieck der Geldanlage beschrieben. An seinen Spitzen stehen die Begriffe „Rendite", „Sicherheit" und „Verfügbarkeit". Magisch ist das Dreieck deshalb, weil kein Anleger auf allen drei Spitzen gleichzeitig stehen kann. Das bedeutet: Wer eine hohe Rendite anstrebt, muss wohl oder übel Kompromisse bei der Sicherheit und der Verfügbarkeit des Geldes eingehen.

Damit nicht genug: Da auch der Fiskus seinen Anteil an der Rendite haben will, ist es je nach steuerlicher Situation der Anlegerin oder des Anlegers manchmal auch wichtig, dass die Anlage steuergünstig ist oder Steuervorteile bietet. Solche Steuervorteile können darin bestehen, dass die Erträge ganz oder teilweise steuerfrei sind oder steuerfrei angesammelt werden können.

Von zunehmender Bedeutung ist für viele Anlegerinnen und Anleger auch, dass ihr Geld nachhaltig angelegt wird. Was „nachhaltig" im Einzelnen bedeutet, ist umstritten. Jedenfalls schließen die strengsten dieser Geldanlagen, die dieses Label für sich beanspruchen, Investitionen in Waffen, Tabak, Atomkraft und fossile Brennstoffe aus. Auch Investitionen in Unternehmen, die ihre Beschäftigten und Lieferanten schlecht behandeln, sind in der Regel verpönt.

Vom Dreieck zum Fünfeck

Aus dem magischen Dreieck der Geldanlage ist also ein Fünfeck geworden. Das macht die Entscheidung nicht einfacher, zumal zwischen den Eckpunkten nicht immer ein klar definierter Trade-off, also ein stabiles Austauschverhältnis, besteht.

Während vielen Anlegerinnen und Anlegern klar ist, dass mehr Rendite nur auf Kosten von Sicherheit und/oder Verfügbarkeit zu haben ist, bedeutet mehr Nachhaltigkeit nicht zugleich weniger Rendite. Oft war das Gegenteil der Fall: Nachhaltige Anlagen erzielten in vielen Fällen und Phasen sogar eine höhere Rendite als vergleichbare konventionelle Anlagen im gleichen Marktsegment (mehr dazu ab Seite 52).

Und bei Anlagen mit hohem Steuervorteil ist es leider oft so, dass sich die Anbieter durch hohe Kosten einen Teil des Steuervorteils aneignen. Dies ist bei vielen Steuersparmodellen der Fall. An sich unrentable Konstruktionen lohnen sich, wenn überhaupt, dann nur durch den Steuervorteil, der auch wegfallen kann.

Schritt für Schritt zum Optimum

Statt sich mühsam im Rendite-Fünfeck zu verorten, empfiehlt sich daher ein schrittweises Vorgehen. Die erste Dimension, in der Anlegerinnen und Anleger eine Entscheidung treffen müssen, ist Rendite und Sicherheit. Dies lässt sich auch als Chance-Risiko-Verhältnis ausdrücken. Darunter ist die oben beschriebene Wahl eines effizienten Portfolios mit dem maximal akzeptablen Risiko zu verstehen.

Wer ein dauerhaft gutes oder sehr gutes Chance-Risiko-Verhältnis anstrebt, kann sich nicht unbedingt auf die Bankberatung verlassen. Viele Beraterinnen und Berater in den Banken und Sparkassen empfehlen gemäß den Vorgaben ihrer Arbeitgeber Produkte, die aus Anlegendensicht nicht unbedingt optimal sind, zum Beispiel teure aktiv gemanagte Fonds einer mit der Bankengruppe verbundenen Kapitalanlagegesellschaft, wenn ein kostengünstiger, weltweit anlegender ETF besser passen würde. Anlegerinnen und Anleger sollten ihr Schicksal daher am besten selbst in die Hand nehmen. Das bedeutet: selbst ein Wertpapierdepot eröffnen und die Anlagen selbst auswählen. Das ist einfacher, als es sich anhört.

Für die große Mehrheit kommen bei der Aktienanlage nicht einzelne Aktien infrage, sondern Investmentfonds, und darunter vor allem die sehr kostengünstigen Exchange Traded Funds, die oft mit dem Kürzel ETF bezeichnet werden. Diese bilden einen Aktienindex wie den Dax oder den MSCI World ab und verringern das Risiko im Vergleich zur einzelnen Aktie. Manchmal werden sie deshalb auch Indexfonds genannt. Das ist einfach und anschaulich, aber nicht ganz korrekt, denn es gibt auch Indexfonds, die keine ETF sind.

→ Am besten 1. Wahl

Welche ETF infrage kommen, lässt sich leicht herausfinden. In der Regel wird ein weltweit anlegender ETF, zum Beispiel auf den MSCI World, ein Kernbestandteil des Portfolios sein. Hier wie generell bei ETF gilt: Anlegerinnen und Anleger sollten ETF wählen, die von Finanztest mit dem Gütesiegel „1. Wahl" ausgezeichnet wurden. Aktuelle Bewertungen, Renditen und Kennzahlen für 23 000 Fonds und ETF finden Sie auf test.de/fonds (mit Flatrate kostenfrei). Es empfiehlt sich, die Auswahl einmal im Jahr zu überprüfen.

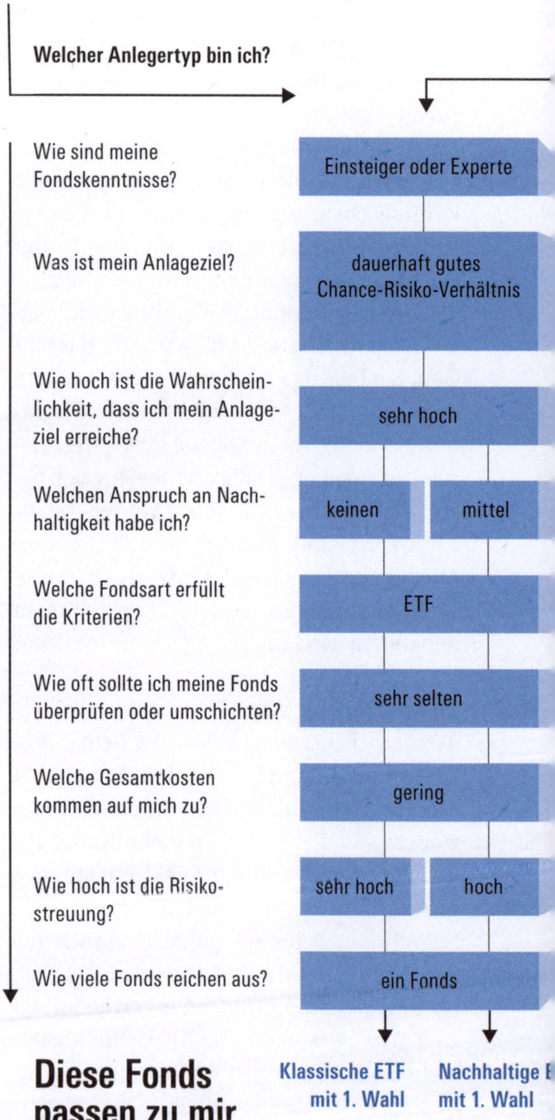

So finden Sie den richtigen Fonds

Wer Geld anlegt, kann ganz verschiedene Ansprüche und Ziele haben. Unser Schaubild hilft Ihnen dabei, das für Sie passende Produkt zu finden. Auch Filialbank-Kundinnen und -Kunden, die in aktiv gemanagte Fonds anlegen, können so ihr Portfolio optimieren.

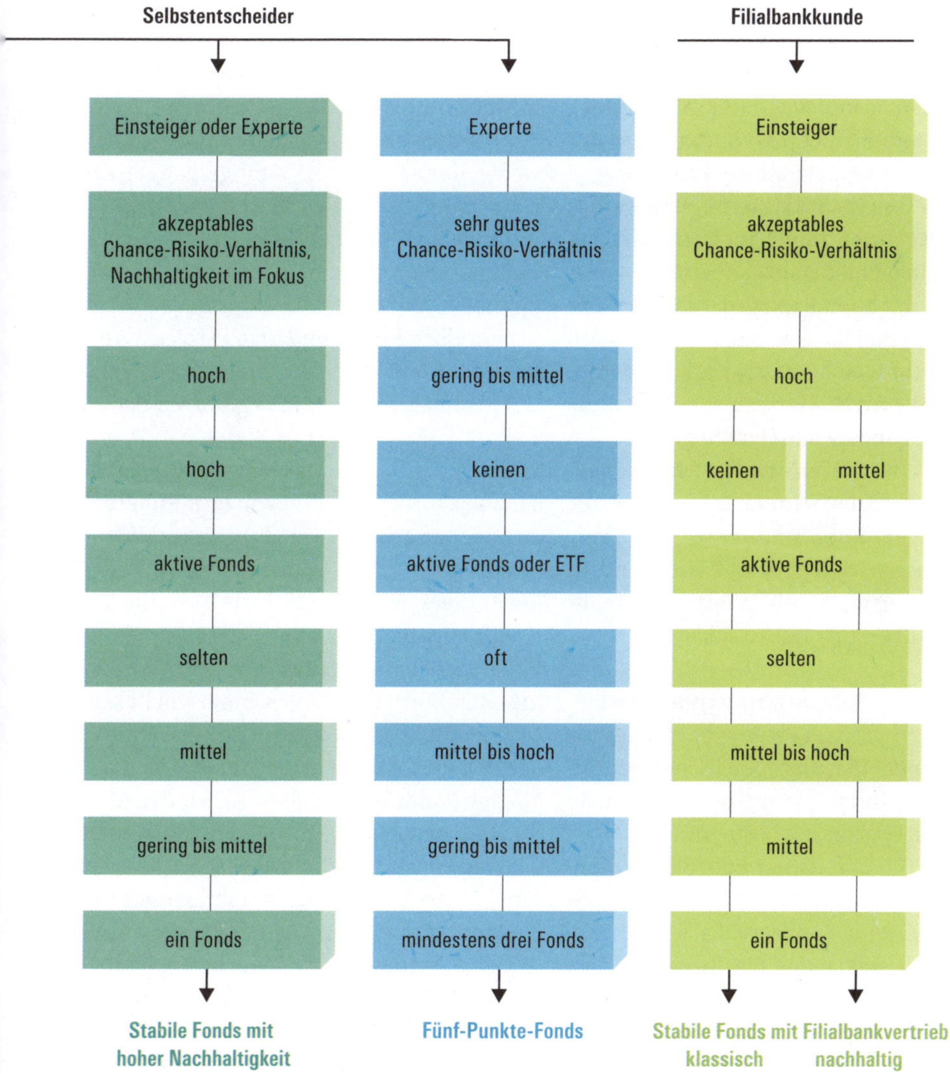

Kundinnen und Kunden von Filialbanken, die mit einem Bankberater oder einer Bankberaterin zusammenarbeiten, haben oft keinen Zugang zu ETF, da Filialbanken diese Fonds im Massengeschäft nur selten anbieten. Sie verdienen damit zu wenig, um die Beratungsleistung finanzieren zu können.

Stattdessen bieten sie teure, aktiv gemanagte Investmentfonds an. Hier trifft das Fondsmanagement, also Expertinnen und Experten der Kapitalanlagegesellschaft, die Anlageentscheidungen.

Da weder Bankberatung noch Fondsmanagement zum Nulltarif zu haben sind, erheben die Fondsgesellschaften Entgelte, die aus Sicht der Anlegerinnen und Anleger die Rendite schmälern. Im Ergebnis ist es für Privatanlegerinnen und -anleger, die mit Bankberatern zusammenarbeiten und in aktiv gemanagte Fonds investieren, kaum möglich, ETF dauerhaft zu schlagen.

So lohnen sich auch aktive Fonds

Hinzu kommt, dass Banken bevorzugt die Fonds der Kapitalanlagegesellschaft vermitteln, die zu ihrer Finanzgruppe gehört. So verkaufen Sparkassen bevorzugt Deka-Produkte, Volks- und Raiffeisenbanken Union-Investment- und die Deutsche Bank DWS-Fonds. Da keine Fondsgesellschaft überall führend ist, sinkt damit die Chance, ein Top-Produkt zu erhalten.

Anders sieht es aus, wenn sich Anlegerinnen und Anleger viel Arbeit machen und immer die besten aktiv gemanagten Investmentfonds herauspicken. Dann ist es tatsächlich möglich, ein besseres Anlageergebnis als mit ETF zu erzielen. Voraussetzung: Man wählt immer Fonds, die von Finanztest mit fünf Punkten bewertet wurden (mehr zur Fondsbewertung ab Seite 24). Bei einer weltweiten Anlage in den vergangenen zehn Jahren ließen sich so 1,4 Prozentpunkte mehr Rendite erzielen als mit den von Finanztest empfohlenen ETF der 1. Wahl (Stand: 31. März 2023).

Vor einer ähnlichen Aufgabe stehen Anlegerinnen und Anleger, die großen Wert auf Nachhaltigkeit legen. Es gibt zwar nachhaltige ETF, aber keiner dieser Fonds erreicht in der Nachhaltigkeitsbewertung von Finanztest mehr als drei von fünf Punkten (mehr zur Nachhaltigkeitsbewertung ab Seite 46). Wer strenge Nachhaltigkeit wünscht, muss also wieder auf aktiv gemanagte Fonds zurückgreifen.

Deshalb hat Finanztest eine neue Kategorie eingeführt: die stabilen Fonds mit hoher Nachhaltigkeit. Eine Auswahl finden Sie unter test.de/fonds. Mit stabilen aktiv gemanagten Fonds schneiden Anlegerinnen und Anleger besser ab als der Durchschnitt aller aktiven Fonds. Sie fahren aber schlechter als mit ETF der 1. Wahl. Wer in stabile Fonds investiert, muss – im Gegensatz zur Fünf-Punkte-Strategie – auch nicht so häufig wechseln. Stabile Fonds sind im Übrigen auch für Filialbankkunden der Weg zum Ziel, sowohl bei konventioneller als auch bei nachhaltiger Anlage.

So bauen Sie Ihr Portfolio

Ohne ein Wertpapierdepot bleibt Ihnen die Welt der Börse verschlossen. Welcher Anbieter für Sie der richtige ist, hängt von Ihren Vorlieben und Bedürfnissen ab.

Drei Dinge brauchen Anlegerinnen und Anleger, um mit Investmentfonds in die Welt der Geldanlage einsteigen zu können: ein Wertpapierdepot, ein Verrechnungskonto und Euro-Rentenfonds oder ein Tages- oder Festgeldkonto. Letztere sind zu empfehlen, wenn Geldbeträge vorübergehend oder dauerhaft nicht in Wertpapiere investiert, sondern verzinslich angelegt werden sollen. Das spielt zum Beispiel beim Pantoffel-Portfolio von Finanztest eine Rolle (siehe Seiten 26 bis 29).

Ohne Depot geht es nicht

Das Depot ist ein Konto, in dem die Bank Wertpapiere für den Kunden verwahrt. Nach dem Kauf werden sie dort eingebucht, bei einem Verkauf werden sie ausgebucht. Ein Kauf ist nur möglich, wenn genügend Geld auf dem Verrechnungskonto ist.

Bei einem Verkauf landet der Erlös erst einmal auf dem Verrechnungskonto. Von dort können Anlegende es dann auf ein Girokonto überweisen, falls das Verrechnungskonto selbst kein Girokonto ist. All das geht heute komfortabel über das Onlinebanking oder die Apps der Banken, Sparkassen und Discountbroker.

Depot und Verrechnungskonto kommen aus einer Hand. Wünschen Anlegende ein gut verzinstes Tagesgeldkonto, können sie dieses bei einem empfehlenswerten Anbieter eröffnen. Aktuelle Informationen zu den Konditionen finden Sie unter test.de/tagesgeld (mit Flatrate kostenfrei). Der Vorteil, alles aus einer Hand zu bekommen, wird häufig mit höheren Entgelten erkauft. Deshalb ist es in der Regel am günstigsten, sich für jeden Bestandteil den passenden günstigen Anbieter herauszupicken.

Passend bedeutet: Je nachdem, was im Depot landen soll, sind unterschiedliche Lösungen unterschiedlich gut geeignet. Die Tabelle auf der folgenden Seite gibt einen Überblick: Während ETF-Anlegende und -Sparende bei Direktbanken, Online- und Discount- oder Neobrokern am besten aufgehoben sind, können Investorinnen und Investoren, die aktiv gemanagte Fonds wünschen, auch von Fondsvermittlern sehr günstige Angebote erhalten.

Achten Sie auf die Kosten

Die Anbieter erheben für die Dienstleistungen rund ums Wertpapierdepot sehr unterschiedliche Preise. Bei vielen Banken zahlen

Der beste Broker für verschiedene Anlagewünsche

Gemessen an Kosten und Angebotspalette sind Direktbanken meist die beste Wahl. Wer aktive Fonds wünscht, bekommt bei Fondsvermittlern aber oft bessere Angebote. Und wer sich nicht für aktive Fonds interessiert, ist bei Neobrokern oft sehr gut aufgehoben.

Welches Angebot passt für…?	Filialbank	Direktbank	Neobroker	Fondsvermittler	Fondsgesellschaft
Aktienanleger	□	■	■	+	+
Fondsanleger	□	◨	□	■	□
Fondssparer	□	◨	□	■	□
ETF-Anleger	□	■	■	□	+
ETF-Sparer	□	■	■	□	+

Beurteilung bezüglich Kosten und Auswahl/Angebot:
□ = mögliche Lösung. ◨ = gute Lösung. ■ = beste Lösung.
+ = nicht möglich oder nicht sinnvoll.

Quelle: eigene Darstellung, Stand: 1. März 2023

Anlegerinnen und Anleger jedes Jahr für die Verwahrung von Wertpapieren. Bei anderen Instituten, vor allem Direktbanken, Online- und Neobrokern, ist die Verwahrung kostenlos. Auch die Entgelte für den Kauf und Verkauf von Wertpapieren variieren von Bank zu Bank. Nur bei einigen Neobrokern (Smartphone-Brokern) gibt es auch diese Dienstleistung gratis.

Kundinnen und Kunden können viel Geld sparen, wenn sie sich für ein billiges Depot entscheiden. Das kommt der Rendite ihrer Geldanlage zugute. Für die Auswahl eines Depots sind aber auch andere Kriterien wichtig, etwa die Anzahl der Börsenplätze und das Angebot an Fonds- und ETF-Sparplänen. Auch der Umfang und Bedienkomfort des Online-Auftritts oder der Depot-App sind für viele Anlegende wichtig. Von neu an den Markt gekommenen Neobrokern sollte man nicht den gleichen Service erwarten wie von einer Filialbank.

Bei den Orderkosten ist die sogenannte Flat fee die einfachste und oft auch günstigste Lösung. Dann zahlt man unabhängig von der Ordergröße stets den gleichen Betrag. Beim preisgünstigsten Anbieter im Dauertest von Finanztest waren Wertpapierorders über den Handelsplatz Xetra schon für pauschal vier Euro zuzüglich eines Handelsplatzentgelts von rund 1,50 Euro und geringer Fremdspesen möglich (Stand: 15. November 2023). Bei Neobrokern sind bislang wenige Börsenplätze angeschlossen. Das muss kein Nachteil sein, wenn Anleger sich ohnehin nur bekannte Wertpapiere ins Depot legen wollen. Aktuelle Konditionen der Broker finden Sie unter test.de/depotkosten.

Wer nach der „Buy-and-Hold"-Methode vorgeht, also ETF und Aktien nach dem Kauf lange behält, sollte auf niedrige Verwahrkosten achten. Im besten Fall, wie bei vielen Direktbanken, kostet die Verwahrung gar nichts. Bei den Filialbanken hingegen sind Gratisdepots selten. Die Angaben dazu finden Sie ebenfalls unter test.de/depotkosten (kostenfrei für Flatrate-Kunden).

Beratung gegen Gebühr

Wer ein Depot bei einer Filialbank eröffnet, kann sich für alle Fragen rund um den Wertpapierhandel an seinen Kundenbetreuer oder seine Kundenbetreuerin wenden. Bei den deutlich billigeren Depots von Direktbanken oder Online- und Neobrokern gibt es in der Regel keine Beratung. Bei vielen Filialbanken können Anlegende, die dort ein Onlinedepot haben, eine Order wahlweise mit Beratung abwickeln oder kostengünstiger selbst am Computer aufgeben. Das Verwahrentgelt, sozusagen die Miete fürs Depot, bleibt aber oft unverändert hoch.

Am Ende hängt die Entscheidung auch davon ab, wie viele Bankverbindungen Anlagende managen wollen und ob sie sich zum Beispiel mit den App-Lösungen der Neobroker wohlfühlen. Zudem gibt es gute Dreierkombinationen aus Depot, Verrechnungskonto und Tages-/Festgeld. Wer sein Girokonto beim selben Institut führt, braucht kein Verrechnungskonto, da das Girokonto dann dessen Rolle übernimmt (siehe „Schneller zum Ziel", Seite 20).

Depoteröffnung und Kauf

Um ein Depot und das zugehörige Verrechnungskonto zu eröffnen, müssen künftige Anlegende entweder bei ihrer Filialbank persönlich vorsprechen oder sich bei Direktbanken und Neobrokern in weniger als zehn Minuten per Videoidentverfahren oder per Postidentverfahren legitimieren. Wer einen neueren maschinenlesbaren Personalausweis besitzt und für die Online-Ausweisfunktion registriert ist, kann sich sogar mit speziellen Apps identifizieren. In allen drei Fällen sind Anlegerinnen und Anleger oft innerhalb weniger Tage startklar und können investieren.

Der erste Wertpapierkauf setzt voraus, dass zuvor Geld auf das Verrechnungskonto überwiesen wurde und somit eine entsprechende „Buying Power" (Kaufkraft) vorhanden ist. Über die Wertpapiersuche finden Anlegende das gewünschte Wertpapier, in-

Schneller zum Ziel

Nicht noch eine weitere Bankverbindung? Wer die Zahl der Finanzinstitute, mit denen er oder sie zusammenarbeitet, überschaubar halten möchte, kann Depot, Verrechnungskonto oder Girokonto und Tagesgeldkonto bei einem Anbieter führen. In diesem Fall scheiden Filialbanken und Neobroker aus der Auswahl aus, weil sie entweder zu teuer sind (Filialbanken) oder nicht über alle Bausteine verfügen (Neobroker). Übrig bleiben Direktbanken. Anlegende sollten dann überlegen, ob sie auch gleich das Girokonto zum neuen Anbieter verlegen wollen.

dem sie dessen ISIN oder WKN eingeben. Beides sind Kombinationen aus Buchstaben oder Zahlen, die ein Wertpapier ähnlich wie eine Artikelnummer eindeutig identifizieren. Dann gilt es, die Stückzahl so festzulegen, dass der Kaufbetrag der gewünschten Anlagesumme möglichst nahekommt.

Den Kauf selbst autorisiert man in einigen Fällen wie beim Onlinebanking mit einer Transaktionsnummer (Tan), die sie per SMS erhalten, oder mit einer Push-Tan-App. Diese App muss einmalig auf dem Smartphone installiert und „scharfgeschaltet“ werden. Bei einigen Anbietern kann nach erfolgter Zwei-Faktor-Authentifizierung beim Login ohne weitere Autorisierung gehandelt werden.

Spätestens einen Börsentag danach, in der Regel sogar taggleich, wird das Wertpapier ins Depot eingebucht, und die Anlegerin oder der Anleger kann dessen Wertentwicklung verfolgen. Für den Kauf berechnen Bank oder Broker ein Entgelt. Viele Broker verlangen Mindestpreise von 10 Euro. Dann empfiehlt es sich, keine zu kleinen Orders aufzugeben, da sonst die Entgelte überproportional ins Gewicht fallen und die Rendite zu stark schmälern können.

Wer sich entschließt, jeden Monat denselben Betrag in das gleiche Wertpapier zu investieren, kann auch einen Sparplan anlegen. Das ist oft günstiger als die einzelne Order. Bei den als Neobrokern bezeichneten Smartphone-Banken sind ETF-Sparpläne sogar komplett kostenfrei. Auch ING und Flatex bieten kostenlose ETF-Sparpläne.

Wer sich nun fragt, wie so etwas möglich ist, sollte wissen, dass Neobroker entgegen dem Anschein keine wohltätigen Einrichtungen sind. Sie erhalten ihr Geld von den Maklern, an die sie die Wertpapieraufträge weiterleiten, und die wiederum leben von einer Differenz zwischen An- und Verkaufspreisen – ein intransparentes Verfahren.

Das hat die EU-Kommission auf den Plan gerufen, und die Prüfung könnte mittelfristig ein Ende dieses Verfahrens bedeuten, das unter Fachleuten als „payment for orderflow“ bezeichnet wird.

→ Depot eröffnen

Filialkunden können bei ihrer Bank oder Sparkasse die Eröffnung eines Onlinedepots beantragen und sich persönlich in der Geschäftsstelle legitimieren. Wer Wertpapiere lieber bei Direktbanken und Onlinebrokern ordern und verwahren lassen will, lädt das Formular zur Kontoeröffnung von der Internetseite des gewählten Anbieters herunter oder füllt es gleich online aus und bestätigt seine Identität über das Postident-Verfahren. Dabei legen Sie Ihren Personalausweis oder Reisepass und das Postidentformular der Direktbank in einer Postfiliale vor. Dort wird Ihre Identität dem Anbieter bestätigt.

Alternativ können Sie das Videoident-Verfahren nutzen: Per Videotelefonat können Sie sich so auch von zu Hause aus legitimieren. Das dauert weniger als zehn Minuten. Sie brauchen dafür Ihren Ausweis oder Reisepass, einen Computer oder ein Tablet mit Webcam und Mikrofon oder ein Smartphone mit Videofunktion sowie eine stabile Internetverbindung.

Aktiv gemanagte Fonds oder Exchange Traded Funds?

Für die meisten Fonds-Anlegenden sind ETF die Lösung der Wahl. Nur wer streng nachhaltig anlegen oder stets die besten Angebote herauspicken will, setzt auf aktiv gemanagte Fonds.

→ **Kapitalanlageprofis** haben keinen allzu guten Ruf. Viele kennen die Geschichte von dem Affen, der Darts auf den Kursteil des „Wall Street Journal" warf und dessen durch Pfeilspitzen zufällig getroffene Aktienauswahl angeblich besser abschnitt als die der Experten.

Daran stimmen jedoch zwei Dinge nicht: Es war kein Affe, sondern es waren Redakteure des „Wall Street Journal", die 1988 mit dem Pfeilewerfen begonnen haben. Und nach 100 Versuchen stand es 61 zu 39 für die Kapitalanlageprofis und gegen die Redakteure. Aber rehabilitiert sind die Profis da-

Nur wenige sehr gute Fonds

Manager aktiver Fonds sind schwankend in ihren Leistungen. Unsere Grafik unten zeigt für die Fondsgruppe Aktien Welt in Prozent, wie viele aktive Fonds besser oder schlechter waren als der MSCI World. Lag der Anteil von Fonds mit sehr gutem Chance-Risiko-Profil im Jahr 2010 noch bei über 25 Prozent, fiel er bis 2023 auf fast null. Seit 2021 ist der Rückgang besonders stark. Dazu kommt: Die sehr guten Fonds von heute sind nicht unbedingt dieselben wie vor einem Jahr. Mit marktbreiten ETF erzielen Anleger dagegen ein dauerhaft gutes Anlageergebnis.

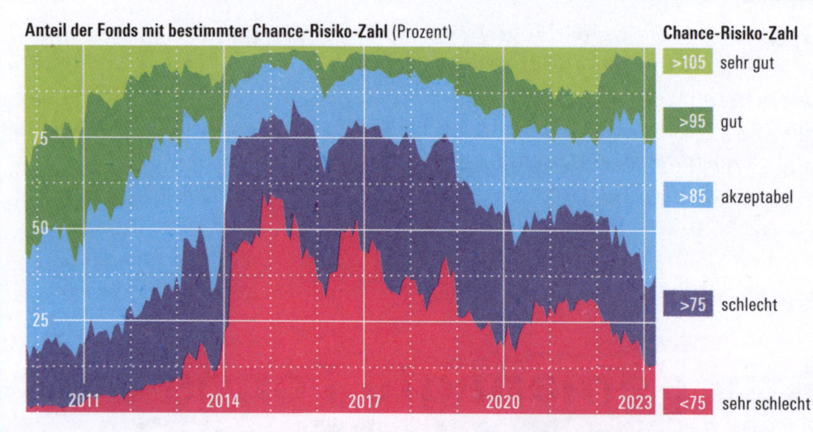

Zeitraum: 30. September 2009 bis 31. März 2023
Quellen: FWW, Refinitiv, eigene Simulationen

durch trotzdem nicht. Denn sie schlugen und schlagen zwar die pfeilewerfenden Zeitungsredakteure, nicht aber den Index des Marktes, in den sie investieren.

> **ETF sind das Mittel der Wahl für die Mehrheit.**

Dieses Kunststück gelingt, was Investmentfonds betrifft, regelmäßig nur sehr wenigen Fondsmanagement-Teams (siehe Grafik oben). Der Schluss, der daraus zu ziehen ist, lautet: Für die meisten Anlegenden ist es am besten, wenn sie in einen breit gestreuten, am besten weltweit anlegenden Indexfonds investieren, anstatt sich auf die Jagd nach den besten aktiv gemanagten Fonds zu begeben. ETF sind also das Mittel der Wahl für die Mehrheit.

Mit Fünf-Punkte-Fonds kostspielig auf Renditejagd

Von der vorgenannten Regel gibt es zwei Ausnahmen: Wer die neue Fünf-Punkte-Anlagestrategie von Finanztest verfolgt, die wir auf Seite 16 in diesem Kapitel bereits kurz vorgestellt haben, der kann mit einigem Aufwand den Index schlagen.

Dazu müssen Anlegerinnen und Anleger aber stets in den besten aktiv gemanagten Fonds investiert sein, also einen mit der Finanztest-Bewertung „Fünf Punkte". Da es hier häufiger einmal Veränderungen gibt, also Top-Fonds nachlassen und dafür neue nachrücken, müssen Anlegende das Portfolio ständig beobachten und mitunter Fonds austauschen. Das macht Arbeit, und der Tausch kostet oft ein Entgelt, das dann zulasten der Rendite geht.

Erschwerend kommt hinzu: Selbst wenn das Fondsmanagement den Index schlägt, kann der Fonds auf der Ebene des Anlegers schlechter abschneiden als der Index. Das erklärt sich durch die laufenden Kosten für das Management und die Verwaltung. Diese betragen normalerweise 0,3 bis 1,5 Prozent der Anlagesumme, manchmal noch mehr.

Das ist in aller Regel deutlich teurer als bei einem weltweit anlegenden ETF zum Beispiel auf den MSCI World, bei dem diese Kosten normalerweise mit lediglich 0,1 bis 0,2 Prozent zu Buche schlagen.

Ein weiterer Faktor ist der Ausgabeaufschlag. Er fällt beim Kauf von neuen Anteilen an und beträgt meist drei bis fünf Prozent der Anlagesumme. All das verringert die Rendite langfristig unterm Strich oft um mehr als einen Prozentpunkt. Zwar können Anlegerinnen und Anleger mit ihrer Bank verhandeln oder über einen Fondsdiscounter ohne Ausgabeaufschlag einkaufen, aber das lindert das Problem bestenfalls.

Top-Nachhaltigkeitsratings gibt es nur bei aktiven Fonds

Die zweite Ausnahme gilt für Investorinnen und Investoren, die streng nachhaltig anlegen wollen. Da die nachhaltigen ETF in der Finanztest-Nachhaltigkeitsbewertung (siehe Seite 46) nicht mit mehr als drei von fünf Punkten abschneiden, landen sie wie bereits erwähnt dann im Ergebnis doch wieder bei aktiv gemanagten Fonds.

Gleiches gilt für den eher theoretischen Fall, dass Anlegende genau in das Aktienspektrum investieren möchten, das der aktive Fonds abdeckt, es keinen ETF dafür gibt und sie das Risiko verkraften können.

Zum Schluss noch ein Wort zur Steuer: Sie ist für die Entscheidung „ETF oder aktiver Fonds" irrelevant. Nicht, weil sie nicht gezahlt werden muss. Sondern weil es steuerlich keinen Unterschied macht, ob das Geld in ETF oder in aktiv gemanagten Fonds steckt. Was Anlegende in ihrer Steuererklärung angeben müssen, teilt ihnen die Fondsgesellschaft jedes Jahr mit.

So bewertet Finanztest Fonds

Finanztest bewertet jeden Monat Tausende aktiv gemanagte Fonds und Exchange Traded Funds nach ihrem Anlageerfolg und untersucht dazu deren Chancen und Risiken.

Investmentfonds können von Finanztest die Auszeichnung „1. Wahl“ oder eine Punktebewertung erhalten, wobei fünf Punkte nach „1. Wahl“ die höchste Note darstellt, ein Punkt die schlechteste. Auf den folgenden Seiten lernen Sie die Grundzüge der Fondsbewertung des Anlageerfolgs durch Finanztest kennen. Für Anlegende mit Interesse an Nachhaltigkeit: In einigen Fondsgruppen erstellen die Experten außerdem eine Nachhaltigkeitsbewertung.

Klassifizierung nach Anlageschwerpunkt

Am Anfang einer fairen Fondsbewertung steht die passende Gruppenzuordnung. Investiert ein Fonds in globale Aktien – oder ausschließlich in deutsche Titel, Euro-Anleihen oder Rohstoffe? Finanztest ordnet jeden der 23000 in Deutschland zugelassenen Investmentfonds einer von rund 1500 Fondsgruppen zu. Die Fondsgruppenzuordnung wird regelmäßig überprüft. Wechselt ein Fonds seine Strategie, kommt er in eine passendere Gruppe.

In den einzelnen Fondsgruppen wird, sofern möglich, ein Vergleichsindex definiert, auch Referenzindex oder Fondsgruppenbenchmark genannt. An diesem müssen sich die Fonds einer Fondsgruppe messen lassen.

1. Wahl für marktbreite ETF

Als Nächstes bestimmen die Finanztest-Analystinnen und -Analysten in den einzelnen Fondsgruppen markbreite ETF. Sie sind gut handelbar und günstig. Meist – aber nicht immer – bilden ETF einen Index ab, wobei mit „Index“ ein klares Set an Auswahlregeln gemeint ist, zum Beispiel „Große Titel aus Deutschland“.

1.-Wahl-ETF sind innerhalb ihrer Fondsgruppe möglichst breit gestreut und bilden einen Index ab, der ein ähnliches Konzept verfolgt wie der Referenzindex der Fondsgruppe. Die Kombination aus breiter Streuung und geringen Kosten sorgt dafür, dass 1.-Wahl-ETF in ihrer jeweiligen Fondsgruppe langfristig zu den besten Fonds gehören. Sie sind dauerhaft gut.

In vielen Fondsgruppen gibt es auch nachhaltige 1.-Wahl-ETF. Die nachhaltigen ETF haben wegen ihrer ethischen und ökologischen Ausschlusskriterien weniger Titel als die klassischen, sind aber noch hinreichend breit gestreut.

Die Punktebewertung bildet den Anlageerfolg ab

Alle mindestens fünf Jahre alten Fonds, die nicht schon mit „1. Wahl" ausgezeichnet wurden, erhalten eine Punktebewertung – sofern Finanztest in der Fondsgruppe einen Referenzindex definieren konnte. Die Punktebewertung hängt hauptsächlich vom Chance-Risiko-Verhältnis des Fonds ab. Es gibt fünf Punkte für die besten Fonds und nur einen Punkt für sehr schlechte Fonds.

Chance und Risiko im Detail: Glücks- und Pechrenditen

Zur Einschätzung der Chancen und Risiken eines Fonds geht Finanztest wie folgt vor: Die Experten teilen die Monatsrenditen der vergangenen 60 Monate in gute und in schlechte Renditen auf – diese werden Glücks- und Pechrenditen genannt. Gut heißt, die Monatsrendite des Fonds lag über dem Geldmarktzins und über null. Schlecht heißt, die Rendite lag unter dem Geldmarktzins beziehungsweise unter null.

Als Nächstes setzt Finanztest die Chancen eines Fonds ins Verhältnis zu seinen Risiken. Diese Chance-Risiko-Verhältnis eines Fonds normieren die Experten, indem sie es mit dem des Referenzindex der Fondsgruppe vergleichen. Aus dem Vergleich von Fonds und Index resultiert die Chance-Risiko-Zahl. Liegt die Chance-Risiko-Zahl bei 100, war ein Fonds genauso gut wie der Index. Ist sie größer als 105, hat der Fonds deutlich besser als der Index abgeschnitten.

Trend der Chance-Risiko-Zahl

Finanztest analysiert zusätzlich den Trend der Chance-Risiko-Zahl. Um den Trend zu ermitteln, vergleicht Finanztest die Chance-Risiko-Zahlen eines Fonds über zwei Zeiträume, nämlich über fünf Jahre und über drei Jahre. Der Trend zeigt, ob die Chance-Risiko-Zahl in jüngerer Zeit gestiegen, seitwärts gelaufen oder gefallen ist. In den Tabellen stellen wir den Trend über Pfeile dar.

Wünschenswert sind Fonds mit steigendem Trend. Ein positiver Trend der Chance-Risiko-Zahl bedeutet allerdings nicht, dass der Fonds zwangsläufig eine positive Rendite hatte. Ein positiver Trend heißt lediglich, dass der Fonds sich innerhalb seiner Fondsgruppe relativ zur Messlatte der Fondsgruppe verbessert hat – das kann auch in einem fallenden Markt passieren.

Die Bestnote von fünf Punkten vergibt Finanztest selten und meist nur vorübergehend. Dafür muss die Chance-Risiko-Zahl über 105 liegen und einen positiven Trend

So funktioniert die neue Fondsbewertung

1. Wahl = Dauerhaft gut.
●●●●● = Sehr gut.
●●●●○ = Gut.
●●●○○ = Mittelmäßig.
●●○○○ = Schlecht.
●○○○○ = Sehr schlecht.

zeigen. Zudem muss der Fonds im Betrachtungszeitraum durchgängig bessere Chancen und geringere Risiken als der Referenzindex aufgewiesen haben.

Für ein bis vier Punkte gelten folgende Grenzen bei der Chance-Risiko-Zahl: Gut heißt, der Fonds hat eine Chance-Risiko-Zahl über 95. Mittelmäßige Fonds hatten immerhin noch eine Chance-Risiko-Zahl größer 85. Schlechte Fonds kamen nur über 75. Sehr schlecht sind Fonds mit einer Chance-Risiko-Zahl unterhalb 75.

Stabile Fonds – klassisch oder grün und für Filialbankkunden

Die Punktebewertung kann und wird sich bei den meisten Fonds im Zeitverlauf ändern. Wer immer auf die aktuellen Top-Fonds setzen will, muss daher öfters umschichten. Das ist für viele Anleger zu aufwendig und auch zu teuer. Die beste Lösung stellen daher 1.-Wahl-ETF dar, diese kann man einfach laufen lassen.

Nun gibt es jedoch Anleger, die auf aktive Fonds setzen, aber ihr Depot nicht ständig überprüfen und umschichten wollen.

Für diese Anleger identifiziert Finanztest „stabile Fonds“ anhand folgender Kriterien:

- **Die Fonds** müssen schon mindestens zehn Jahre am Markt sein.
- **Ihr Anlageerfolg** darf innerhalb dieses Zeitraums nie schlechter als zwei Punkte gewesen sein.
- **Ihre Rendite** darf über jeden Fünfjahreszeitraum innerhalb der vergangenen 10 Jahre nie mehr als fünf Prozentpunkte hinter dem Index gelegen haben.
- **Zudem dürfen** ihre aktuellen laufenden Kosten nicht über 2,1 Prozent liegen.
- **Für klassische** stabile Fonds verlangen wir zudem, dass ihre Marktnähe innerhalb der vergangenen 10 Jahre nie unter 90 Prozent gefallen sein darf. Diese Fonds sind besonders für Filialbankkunden interessant.
- **Für stabile Fonds** mit hoher Nachhaltigkeit gilt, dass ihre Marktnähe nie unter 70 Prozent lag und zudem die Nachhaltigkeit von Finanztest als mindestens hoch eingeschätzt wird.

Pro Jahr und vor Steuern: So berechnet Finanztest die Renditen

Der quantitativen Punktebewertung von Finanztest liegen die Monatsrenditen der Fonds zugrunde. Finanztest berechnet die Renditen immer auf Euro-Basis, sämtliche fondsinterne Kosten sind dabei schon berücksichtigt, ebenso Erträge wie Zinsen oder Dividenden.

Nicht berücksichtigt in der Renditeberechnung sind Kosten, die aufseiten der Anleger anfallen – zum Beispiel Handelskosten wie Ausgabeaufschlag oder Börsenordergebühren, die Gebühren fürs Depot oder Steuern. Denn diese sind je nach Bank, Broker oder steuerlicher Situation unterschiedlich. Auch die immer noch hohe Inflation ist hier außen vor – Finanztest zeigt stets nominale Renditen.

Neben den Bewertungen enthalten die Tabellen auch die Renditen zur Information über verschiedene Zeiträume. Die Renditen sind in Prozent pro Jahr angegeben. Die Stichtage für die Berechnung liegen immer am Monatsende. Wertentwicklungen über mehrere Jahre geben wir nicht an, da Renditen aussagekräftiger sind.

Weil nicht jede Fondsgesellschaft denselben Tag als den letzten des Monats definiert – etwa, weil er auf einen lokalen Feiertag fällt –, kann es vorübergehend zu Renditedifferenzen kommen. Diese sind insbesondere bei ETF auf denselben Index sichtbar, gleichen sich aber in den Folgemonaten auf natürliche Weise wieder aus.

Bequem zur Rendite

Geldanlage mit überschaubarem Risiko, kostengünstig, möglichst bequem und trotzdem ertragreich? Das Pantoffel-Portfolio von Finanztest leistet genau das.

Finanztest hat schon vor mehr als einem Jahrzehnt ein Konzept entwickelt, das die Ziele des magischen Dreiecks gut ausbalanciert: das Pantoffel-Portfolio. Es besteht aus zwei Komponenten: einer Zinsanlage, die Vermögen absichert und Verluste begrenzt, und einem, mitunter auch zwei Aktienfonds, um an den Chancen der Börse teilzuhaben.

Die Zinsanlage enthält Stand Frühjahr 2024 Euro-Rentenfonds. Auch Tages- und Festgeld kommen in Betracht. Der Sicherheitsbaustein des Pantoffel-Portfolios ist bei niedrigen Zinsen zwar ertragsarm, aber dafür schwankt er nur wenig und bei Tages- und Festgeld gar nicht im Wert.

Als Aktienfonds kommen ETF zum Einsatz. Kern ist ein ETF, der den weltweit anlegenden Index MSCI World oder einen anderen Weltindex nachbildet. Er bringt den Löwenanteil der Erträge – in den gleitenden 10/20/30-Jahreszeiträumen seit 1970 waren es im Mittel 9,2/7,9/8,7 Prozent pro Jahr.

In welchem Verhältnis Anlegende die Komponenten mischen, hängt von ihrer Risikotoleranz ab. Finanztest unterscheidet drei Varianten: defensiv mit 25 Prozent, ausgewogen mit 50 Prozent oder offensiv mit 75 Prozent Aktien-ETF. Vorsichtige packen 75 Prozent in die Zinskomponente, Mutige nur 25 Prozent. Das ausgewogene Pantoffel-Portfolio passt für die meisten.

Geduld zahlt sich beim Anlegen aus

Je länger Anlegende regelmäßig in einem ETF auf den MSCI World ansparen, desto sicherer war zumindest in der Vergangenheit eine positive Rendite. Selbst im schlimmsten Fall waren sie nach rund 13 Jahren im Plus. Durchschnittlich waren langfristig um acht Prozent Rendite pro Jahr möglich.

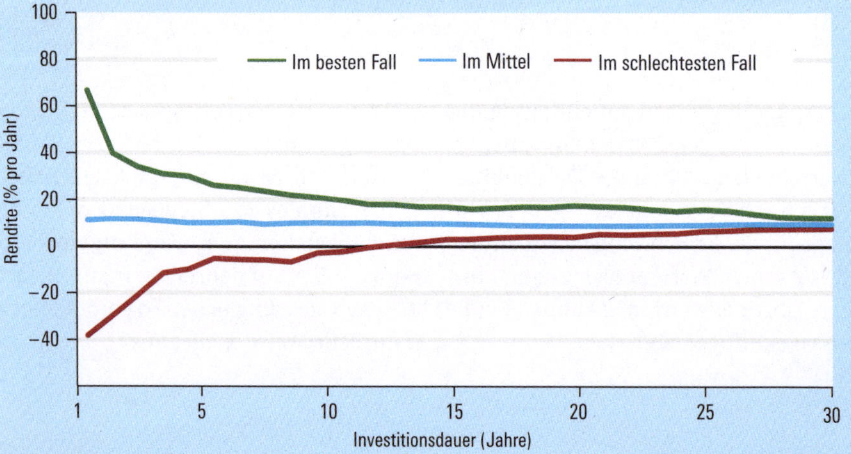

Quelle: Refinitiv, eigene Berechnungen.
Untersuchungszeitraum: seit 1970. Stand: 29.01.2024

Wie genau die Aufteilung zwischen Sicherheits- und Risikokomponente aussieht, ist eine individuelle Entscheidung, die sich der oder die Einzelne mit einer Frage erleichtern kann: Wie viel Verlust bin ich bereit, im Extremfall hinzunehmen?

Nimmt man den weltweit anlegenden Index MSCI World als Beispiel, so muss man festhalten, dass dieser im Extremfall trotz der guten Streuung mit rund 1500 Einzelaktien aus 23 Industrieländern auch schon fast 60 Prozent seines Werts verloren hat. Diesen Verlust hat er längst wieder aufgeholt, aber nicht alle Anlegenden haben die Nerven, eine solche Phase durchzustehen.

Angst vor Verlusten kostet Rendite

Deshalb werden die meisten dem weltweit anlegenden ETF eine Sicherheitskomponente aus risikoarmen Zinsanlagen beimischen. Im Standard-Pantoffel-Portfolio beträgt diese 25, 50 oder 75 Prozent des Portfolios. Je höher der Anteil, desto schwankungsärmer ist das Portfolio. Andererseits kostet ein hoher Anteil der Sicherheitskomponente auch Renditechancen.

Die Entscheidung, ob 25, 50 oder 75 Prozent Zinsanlagen zur richtigen Mischung führen, hängt von drei Variablen ab: Wie lange soll das Geld angelegt bleiben, wie hoch ist der Zins für die risikoarme Sicherheitskomponente, und welcher maximale Verlust ist hinnehmbar?

Bei einem Tagesgeldzins nach Steuern von 2,5 Prozent, zehn Jahren Anlagedauer und einem kalkulierten Verlust von 60 Prozent, der neutralisiert werden soll, könnten maximal 32 Prozent des Geldes in einem Aktien-ETF angelegt werden. Damit wäre nur die sicherste Pantoffel-Variante mit 25 Prozent Aktienanteil erreichbar. Die Furcht vor Verlusten kostet also Rendite.

Ansehnliche Renditen für Pantoffel-Anlegerinnen und -Anleger

Der Wert einer Einmalanlage in den Welt-Pantoffel ist je nach Variante um den Faktor 4,6 bis 8,4 gewachsen. Ohne die Sicherheitskomponente wäre sogar der Faktor 9,5 drin gewesen.

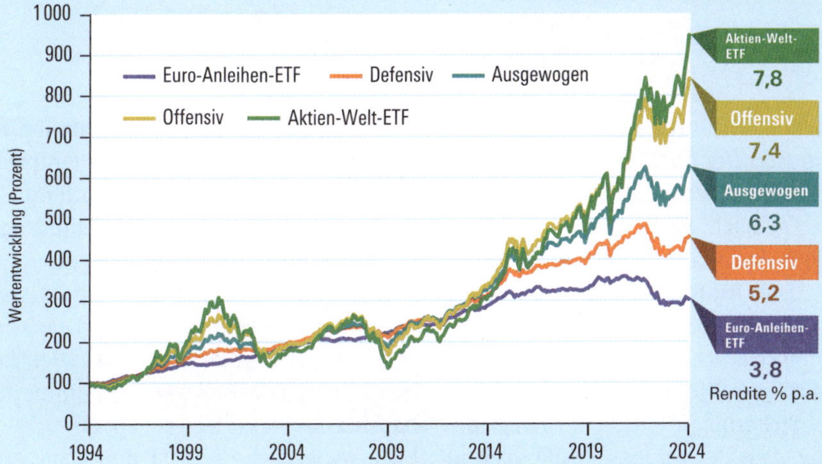

Welt-Pantoffel in 5 Risikoprofilen. Sicherheitsbaustein: Euro-Anleihen-ETF. Renditebaustein: MSCI-World-ETF. Quelle: Refinitiv, eigene Simulationen. Stand: 29.02.2024

Eine wichtige Zutat für den Erfolg ist Geduld. Wer nur ein Jahr oder fünf Jahre auf das Geld verzichten kann, sollte nicht in Aktien anlegen. Denn auch wenn die Investition gut gestreut über einen ETF erfolgt: Bei einem derart kurzen Zeithorizont wäre die Anlage reine Spekulation.

Denn die Statistik hinter dem Renditetrichter im Schaubild auf der linken Seite zeigt für den MSCI World: Erst ab neun Jahren Anlagedauer sank das Risiko, dass Verluste entstehen, auf zehn Prozent.

Nach 13 Jahren immer im Plus

Ab 13 Jahren waren Anlegende historisch gesehen immer auf der Gewinnerseite. Das gilt für Sparpläne und für Einmalanlagen. Das ist zwar keine Garantie, dass es auch künftig so kommt, aber solange die Mechanismen, die hinter den Aktienmärkten stecken, intakt sind, sollte das auch in Zukunft klappen. Und außerdem: Welche sicherere und bessere Alternative gibt es?

Deshalb gilt die Regel: Legen Sie nur das Geld in Aktien an, auf das Sie mindestens zehn Jahre verzichten können. Dann fällt Geduld gar nicht mehr so schwer.

Und sollte beim Sparplan am Ende doch ein Minus vor der Rendite stehen, was beim MSCI World in den letzten 30 Jahren bei den Zehnjahreszeiträumen, die zwischen 2008 und 2009 endeten, der Fall war, dann heißt es: kurz abwarten. Denn die Rendite drehte historisch betrachtet spätestens nach zwei weiteren Jahren wieder ins Plus. Kein tolles Ergebnis, aber erträglich, wenn Anlegende am Ende des Sparzeitraums nicht sofort das volle Guthaben benötigen.

Natürlich gab es vor 30 Jahren noch kein Pantoffel-Portfolio. Das stellte Finanztest erst 2013 vor. Auch ein ETF auf den MSCI World als Aktienfondskomponente war

1994 für deutsche Privatanlegende noch Zukunftsmusik. Dennoch lässt sich zurückrechnen, was ein Pantoffel-Portfolio den Anlegenden gebracht hätte: Aus 100 000 Euro einmaliger Einzahlung wären Ende Februar 2024 je nach Pantoffel-Variante zwischen rund 455 000 und 840 000 Euro geworden und damit deutlich mehr als bei einem Tagesgeld mit rund 302 000 Euro.

Dass Sicherheit Geld kostet, zeigt die Tatsache, dass der Aktien-ETF allein rund 946 000 Euro gebracht hätte. Allerdings hätten Anlegerinnen und Anleger es bei einer reinen ETF-Anlage auch aushalten müssen, dass der Wert der Fondsanteile bis Ende 1995 vorübergehend unter die Summe der eingezahlten Beiträge gesunken war.

Ansehnliche Pantoffel-Renditen

Die Rendite, also der durchschnittliche Ertrag pro Jahr, kann sich bei allen Pantoffel-Varianten sehen lassen. Sie beträgt nach Kosten und Abgeltungssteuer zwischen 5,2 Prozent beim defensiven Pantoffel mit nur einem Viertel Aktienanteil und 7,4 Prozent beim offensiven Pantoffel mit drei Vierteln Aktienanteil. Der ausgewogene Pantoffel, der zur Hälfte in Aktien anlegt, liegt mit 6,3 Prozent dazwischen. Der Welt-Aktien-ETF allein hätte 7,8 Prozent gebracht.

Der Aufwand für das Management der Anlage war überschaubar. Beim ausgewogenen Pantoffel zum Beispiel hätten Anlegende in 30 Jahren nur insgesamt sechsmal korrigierend eingreifen müssen, weil die Gewichtung sich durch Kursänderungen bei den Aktien um mehr als zehn Prozentpunkte von der hälftigen Aufteilung entfernt hatte. Beim defensiven Pantoffel wären sogar nur vier Korrekturen nötig gewesen.

Allerdings kann niemand garantieren, dass das Pantoffel-Portfolio in den nächsten 30 Jahren genauso läuft, wie das in den letzten 30 Jahren der Fall war. Doch immerhin hat sich das Pantoffel-Konzept als recht robust erwiesen und sogar den Schwarzen Schwänen getrotzt. Das sind seltene Ereignisse, die sich nicht vorhersehen lassen und die die Welt erschüttern, so zum Beispiel die Finanzkrise und die Covid-19-Pandemie. Gerade deshalb ist der Pantoffel ein sehr taugliches Konzept, um persönliche Renditewünsche und Risikotoleranzen abzubilden.

Flexibilität ist Trumpf

Dabei bleiben Anlegende stets flexibel. Sollten Sie irgendwann Ihre Anlage anders strukturieren wollen, können Sie jederzeit ganz oder teilweise umsteigen. Anlegerinnen und Anleger sind hier nicht durch langfristige Verträge in ihrer Anlage gefangen, aus denen man oft nur mit finanziellen Verlusten aussteigen kann. Und falls uns doch nicht der Himmel auf den Kopf fällt, werden Sie mit dem Pantoffel-Portfolio vermutlich unterm Strich das Richtige getan haben.

Zum Schluss noch ein Wermutstropfen: Sobald Sie mit Ihrer Anlage Erträge erwirtschaften, will der Fiskus daran beteiligt werden. Sowohl die Erträge aus verzinslichen

Anlagen, etwa Tagesgeld, als auch Fondserträge unterliegen der Abgeltungssteuer.

Für sie gilt zudem: Die Fondsgesellschaften zahlen direkt aus dem Fondsvermögen Körperschaftssteuer auf deutsche Dividenden, deutsche Mieterträge und deutsche Immobilienverkaufsgewinne. Erst der Rest wird an die Anleger ausgezahlt.

Von Körperschaftssteuer verschont bleiben ausländische Dividenden und Immobilienerträge, Gewinne aus Wertpapierverkäufen, aus Termingeschäften sowie Zinserträge. Da die meisten ETF Fonds nach irischem oder luxemburgischem Recht sind, handelt es sich bei ihren Erträgen um ausländische Erträge.

Als Ausgleich für geringere Erträge hält das Investmentsteuerreformgesetz für Anlegende eine Entschädigung bereit. Sie müssen nicht mehr für die gesamten Erträge Abgeltungssteuer abführen, sondern nur noch auf einen Teil. Bei einem Fonds, der fortlaufend mehr als 50 Prozent in Aktien anlegt, bekommen Privatpersonen 30 Prozent der Ausschüttungen steuerfrei.

Groß herumrechnen müssen Sie dabei nicht, die Fondsgesellschaft teilt Ihnen in einem Dokument namens „Erträgnisaufstellung" mit, welche Beträge Sie in der Steuererklärung angeben müssen. In allen Berechnungen zu den Pantoffel-Portfolios ist die Abgeltungssteuer von 25 Prozent bereits berücksichtigt. Insofern sind Pantoffel-Renditen also Renditen, die den Anlegenden am Ende auch tatsächlich zufließen.

DIE SECHS STÄRKEN DES PANTOFFELS

1 Einfach: Sie müssen weder Vorkenntnisse noch viel Zeit mitbringen. Es handelt sich um leicht verständliche Produkte.

2 Kostengünstig: Sie müssen keine Gebühren für Vermögensverwalter zahlen. Aktien-ETF sind besonders kostengünstig, ebenso Tagesgeld.

3 Transparent: Die Regeln sind klar. Wie sich der Aktien-ETF entwickelt, können Sie jederzeit in Ihrem Depot oder auf der Website des ETF-Anbieters nachvollziehen.

4 Flexibel: Sie können Ihre Geldanlage immer Ihrem Leben anpassen, den Pantoffel aufstocken, aussetzen, anders ausrichten oder in einen Auszahlplan verwandeln.

5 Risikominimierend: Zinsanlagen und die breit streuenden Aktien-ETF sorgen für ein gutes Rendite- und Sicherheitsverhältnis.

6 Variabel: Die Strategie kann auch als Ergänzung zu bestehenden Depots eingesetzt werden.

So wirkt der Rendite-Booster

Mehr Rendite gibt es selten ohne mehr Risiko und niemals ohne höheren Aufwand. Anlegerinnen und Anleger sollten deshalb Menge und Art der Beimischungen zum Portfolio klug wählen und regelmäßig prüfen.

→ **Sobald das Basis-Portfolio steht**, können Anlegende an die Auswahl der Beimischungen gehen. Dabei gilt es sowohl Menge als auch Art der Ergänzung sorgsam auszuwählen. Ein zu großer Anteil von Beimischungen kann das Portfolio aus dem Gleichgewicht bringen und unerwünschte Risiken verursachen. Dasselbe gilt für Fonds, die nicht zu den Präferenzen der Anlegenden passen oder sich genauso verhalten wie der Rest des Aktienfondsportfolios. Das wäre dann mehr vom Gleichen und keine richtige Beimischung.

Wer sich für Beimischungen entscheidet, muss zudem wissen: Die zusätzlichen Renditechancen bringen zusätzliche Arbeit mit sich. Zum initialen Aufwand, das Portfolio plus Beimischungen zusammenzustellen, kommen die regelmäßige Kontrolle und die notwendigen Korrekturen.

Ein Pantoffel-Portfolio mit Beimischungen (siehe ab Seite 55) ist arbeitsintensiver als eines ohne, weil Anlegende regelmäßig prüfen müssen, ob die Beimischungen auch das tun, was sie sollen: mehr Ertrag generieren, ohne das Risiko zu erhöhen.

Da Nachhaltigkeit für immer mehr Anlegerinnen und Anleger eine große Rolle spielt und sie ihr Portfolio entweder komplett nachhaltig aufstellen oder zumindest nachhaltige Fonds beimischen wollen, soll in diesem Abschnitt auch das Finanztest-Nachhaltigkeitsrating vorgestellt werden.

Alle Pantoffel, die aus mehr als einem Aktien-ETF bestehen, gehen auf die Core-Satellite-Strategie zurück, bei der sich Beimischungen wie Satelliten um ein Kerninvestment gruppieren. Als Bonus erklären wir es und zeigen den Zusammenhang zwischen Zahl der Komponenten und den Kosten auf.

Die richtige Mischung macht's

Finanztest empfiehlt, nicht mehr als 20 Prozent des Aktienanteils eines Portfolios mit Beimischungen zu bestreiten.

Beim Aufbau eines Portfolios gilt die Regel des Winterdiensts: Wer gut streut, rutscht nicht aus. Neben der Streuung kommt es in der Geldanlage aber auch auf die Mischung an. Auf das Winterbeispiel übertragen: Wie viel Sand oder Salz das Streugut enthält, bestimmt, wie gut es die Glätte abstumpft und das Eis auftaut.

Pauschal lässt sich sagen, dass wir bezüglich der Beimischung eines Boosters zur Risikokomponente empfehlen, nicht mehr als 20 Prozent des Aktien-ETF durch den Booster zu ersetzen, wobei Abweichungen von 10 Prozentpunkten durch Wertschwankungen tolerabel sind. Ob ein Booster auch in einem defensiven Portfolio sinnvoll ist, hängt vor allem von der Gesamtgröße der Anlage ab. In einem kleinen Portfolio mit nur 25 Prozent Aktien wäre es nicht sinnvoll, den ohnehin kleinen Aktienanteil aufzusplitten, um die Rendite durch Booster aufzupeppen.

Das zusätzliche Risiko wäre zwar gering, aber die zusätzliche Chance bezogen aufs Gesamtportfolio ebenfalls: Geht man davon aus, dass der Booster, der 20 Prozent der Risikokomponente, also des Aktienanteils, umfasst, einen Prozentpunkt mehr Rendite bringt als der weltweit anlegende Aktien-ETF, dann beträgt das Plus bezogen aufs Gesamtportfolio mickrige 0,05 Prozentpunkte.

Kein Wunder, denn der Anteil des Boosters am Gesamtportfolio beträgt 20 Prozent von 25 Prozent, also fünf Prozent. Ob das bei kleineren Portfolios die Mühe wert ist, darf bezweifelt werden. Ganz anders sieht das beim offensiven Pantoffel mit 75 Prozent

Beimischungen dürfen ein Fünftel des Renditebausteins ausmachen

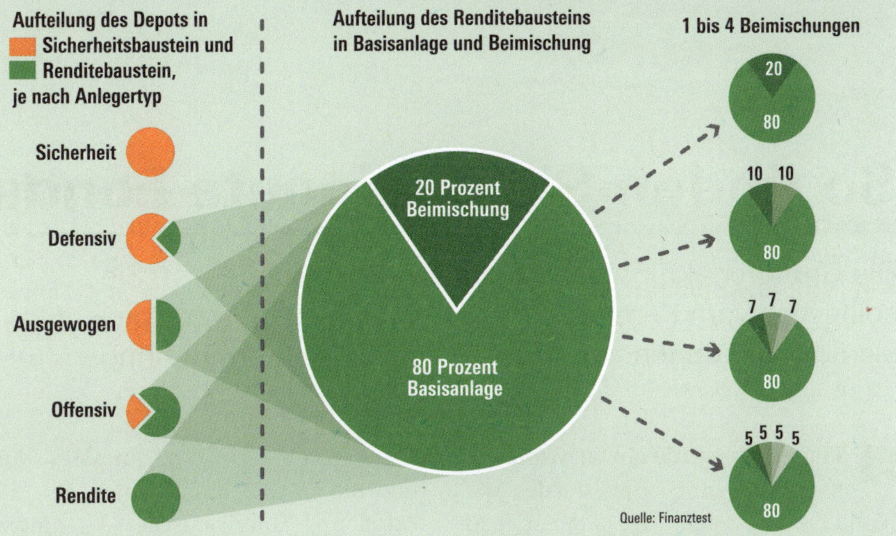

Aktien aus. Hier beträgt der positive Effekt aufs Gesamtportfolio bei einem Prozentpunkt mehr Rendite durch den Booster immerhin rund 0,15 Prozentpunkte.

Wer aber genug Geld angelegt hat und dafür sorgt, dass die Kaufkosten durch kluge Auswahl des Depotanbieters nicht über Gebühr zu Buche schlagen, kann auch ein defensives Portfolio boostern. Liegen beispielsweise 20 000 Euro allein im Renditebaustein, dann stünden im defensiven Pantoffel-Portfolio immerhin 4 000 Euro für Beimischungen zur Verfügung.

Zur Wahrheit gehört zudem, dass dieser Hebel auch in die umgekehrte Richtung wirken kann. Entwickelt sich der Booster zum Rohrkrepierer und performt um drei Prozentpunkte schlechter als der weltweit anlegende Aktien-ETF, dann bedeutet das für das mutig aufgestellte Gesamtportfolio mit 75 Prozent Aktienanteil ein Minus von 0,45 Prozentpunkten. Das wäre noch zu verkraften, aber bei höheren Anteilen der Beimischungen kann das schmerzhaft werden.

Finanztest empfiehlt daher, insgesamt nicht mehr als 20 Prozent des Renditebausteins in Beimischungen anzulegen. Für mehr als eine Beimischung teilt man die 20 Prozent weiter auf, das empfiehlt sich besonders bei risikoreichen und stark schwankenden Anlagen, zum Beispiel Themen-ETF.

Eine vernünftige Aufteilung des Renditebausteins eines Portfolios wäre also beispielsweise ein weltweit anlegender Aktien-ETF zu 80 Prozent und drei ETF oder ETC als Beimischung mit speziellen Schwerpunkten zu jeweils rund sieben Prozent.

Bei einer Onlinebank ist das Einrichten eines Pantoffel-Portfolios wegen der Mindestentgelte beim Umschichten ab 10 000 Euro sinnvoll, wenn man ohne Beimischungen startet. Wer beimischen will, braucht schon umso mehr Vermögen, je größer die Zahl der Beimischungen ist (siehe Seite 45).

So finden Sie geeignete Fonds

Die Grundregel für eine erfolgreiche Beimischung ist: Sie sollte sich vom Kerninvestment unterscheiden. Dann gleicht sie Schwankungen aus und kann einen Mehrertrag bringen.

Eigentlich würde ein weltweit anlegender ETF zum Beispiel auf den MSCI World für eine vernünftige langfristige Aktienanlage genügen. Ein Manko hat der MSCI-World-ETF aber: Einige spannende Märkte sind in ihm nicht vertreten, da in dem Index nur Länder stecken, die der Indexanbieter MSCI als „entwickelte Länder" ansieht. Es fehlen riesige Wirtschaftsmächte wie China, Indien und Südkorea.

Der breiter aufgestellte MSCI All Country World Index enthält solche Schwellenländer immerhin zu etwa 12 Prozent. Und auch manche aktiv gemanagten Weltfonds mischen Schwellenländer bei. Trotzdem wünscht sich manch ein Anleger, das Depot mit speziellen Märkten oder auch mit Rohstoffen zu erweitern, um damit seine Renditechancen zu erhöhen.

Was aber wäre eine sinnvolle Beimischung? Die Idee: Die Beimischung bringt nur etwas, wenn sie sich nicht ähnlich verhält wie die Basisanlage, in unserem Fall ein MSCI-World-ETF oder ein ähnlicher aktiv gemanagter Fonds. Nur so kann sie den gewünschten Booster-Effekt bringen.

Der dominante Markt im MSCI World sind die USA. Dadurch laufen der MSCI World und amerikanische Aktienindizes wie der S&P 500 sehr ähnlich. Geht der MSCI World nach unten, ist es wahrscheinlich, dass auch der Indexstand des S&P 500 nach unten geht. Sehr ähnliche Märkte fallen also als mögliche Beimischung weg.

Wenn sich Anlegende breiter aufstellen, senkt das hingegen die Schwankungen. Wenn ein Markt schlecht läuft, läuft vielleicht ein anderer gut und gleicht das wieder aus. Beimischungsfonds können zudem für einen Renditekick ohne deutlich höheres oder sogar geringeres Risiko sorgen.

Welche die Boom-Märkte der Zukunft sind, wissen auch wir nicht. Anleger können verschiedene Strategien verfolgen: Manche setzen darauf, dass in der Vergangenheit erfolgreiche Märkte weiter gut laufen. Andere glauben, dass aktuell eher schlecht laufende Märkte in Zukunft aufholen. Kandidaten für eine gute Beimischung kommen zum Beispiel aus den Schwellenländern. Viele Fonds mit Aktien aus Schwellenländern unterscheiden sich deutlich vom MSCI World.

Welche Fondsgruppe eignet sich wofür?

Bevor Sie sich für einen einzelnen Fonds entscheiden, wählen Sie die passende Fondsgruppe. Als Kerninvestment im Renditebaustein Ihres Depots sollten Sie Aktienfonds Welt wählen, weil diese breit gestreut sind. Für die Beimischung im Renditebaustein kommen mehrere ETF-Arten und bei Rohstoffen auch die den ETF verwandten Exchange Traded Commodities (ETC) infrage. Für das Kerninvestment im Sicherheitsbaustein empfiehlt Finanztest entweder einen Euro-Anleihen-ETF oder Tagesgeld, gegebenenfalls in Kombination mit Festgeld. Der ETF bringt langfristig mehr Ertrag als Tages-/Festgeld, kann aber historisch gesehen im Wert vorübergehend um circa 20 Prozent nachgeben.

Renditebaustein	Sicherheitsbaustein
Kerninvestment	
Breitstreuende Aktien-Welt-ETF z. B. auf den MSCI World, MSCI ACWI, FTSE All World	**Breitstreuende Euro-Anleihen-ETF** z. B. auf Euro-Staatsanleihen oder Euro-Staats- und Unternehmensanleihen
Selbstgebautes Welt-Portfolio z. B. aus ETF auf MSCI USA, MSCI Europe und MSCI Japan	**Tagesgeld oder Tagesgeld-und-Festgeld-Kombination**
Beimischungen	
Länder- und Regionen-ETF z. B. auf den Dax oder MSCI Emerging Market	**Inflationsgeschützte Anleihen**
Rohstoff-ETF und -ETC z. B. Gold, gemischter Rohstoffindex	**Unternehmensanleihen**
Faktor- und Stil-ETF z. B. Momentum, Dividenden, Value, Growth, Kleine Werte	
Themen-ETF z. B. Neue Energien	

Quelle: Finanztest

Obwohl Aktien aus Schwellenländern in den letzten Jahren meist nicht besonders gut liefen, gibt es viele Argumente für sie. Probleme der etablierten Industrienationen wie eine alternde Gesellschaft und nachlassende Wachstumsdynamik sind für die meisten Schwellenländer gar kein oder nur ein deutlich kleineres Thema.

Wer die Schwellenländer bequem abdecken möchte, macht das mit einem ETF aus der Gruppe „Aktienfonds Schwellenländer global“. Da hier etwa 1440 Aktien aus 24 Ländern vertreten sind, kann auch die komplette Beimischung von 20 Prozent mit diesem einen Fonds abgedeckt werden. Näheres dazu ab Seite 58 und Seite 93.

Auch Fonds mit Aktien kleinerer Unternehmen, auf Englisch „Small Caps“, unterscheiden sich vom „großen“ Markt. Sie sind spannend, weil kleine Aktiengesellschaften in den letzten Jahren häufig höhere Renditen aufwiesen als große. Mehr Informationen dazu gibt es ab Seite 133.

→ Aktiv oder passiv?

In vielen der von Finanztest identifizierten Beimischungsmärkten zeigt sich, dass sehr gute aktiv gemanagte Fonds höhere Renditen bei geringerem Risiko schafften als ETF. Das Problem: Das muss in Zukunft nicht so bleiben. Sparerinnen und Sparer, die ihr Geld in aktiv gemanagten Fonds anlegen, müssen daher regelmäßig prüfen, ob ihre Fonds noch so gut laufen wie gehabt. Zudem sind gerade in kleineren Märkten die Kosten, die die Fonds selbst abzweigen, oft hoch. Der teuerste Lateinamerikafonds zum Beispiel kostet 2,02 Prozent im Jahr, während ein ETF nur 0,2 Prozent kostet. Solange die Rendite deutlich über der von ETF liegt, ist das kein Problem. In schlechteren Phasen ziehen die Kosten die Rendite aber merklich nach unten.

Wer also die Chance auf Renditen oberhalb des Marktdurchschnitts haben möchte, kann bei den Beimischungen auf aktiv gemanagte Fonds setzen. Wer seine Beimischung möglichst selten austauschen möchte, fährt mit einem günstigen 1.-Wahl-ETF am besten. Aber Vorsicht: Das Urteil „1. Wahl“ bezieht sich immer nur auf die entsprechende Fondsgruppe und ist nicht als Empfehlung für ein Basisinvestment zu verstehen.

In den folgenden Kapiteln dieses Ratgebers lernen Sie typische Beimischungen für Ihr Portfolio kennen und Fondsfamilien zu unterscheiden. Zu den Fondsfamilien, über die ab Seite 119 noch detailliert die Rede ist, hier nur so viel: Sie helfen Ihnen dabei, Ihrem Portfolio keine gleichartigen Fonds beizumischen. Da sich die Familienzugehörigkeit eines Fonds ändern kann, lohnt es sich, sie regelmäßig zu prüfen.

Den Überblick behalten

Ein Vorteil des Pantoffel-Portfolios besteht darin, dass es pflegeleicht ist. Anlegende müssen nur selten umschichten. Wenn Beimischungen ins Spiel kommen, kann sich das ändern.

→ **Eine Kuh macht Muh**, viele Kühe machen Mühe. Dieser Satz beschreibt, was Anlegerinnen und Anleger erwartet, wenn sie ihr Portfolio mit Beimischungen versehen. Deshalb ist es am besten, die eigene Geldanlage übersichtlich zu halten. Das Pantoffel-Portfolio ist ein Instrument, mit dem Sie dieses Ziel erreichen können.

Sie besitzen bereits ein Pantoffel-Portfolio? Überprüfen Sie regelmäßig, ob das aktuelle Verhältnis aus Aktien und Zinsanlagen noch der von Ihnen ursprünglich gewählten Ausrichtung entspricht. Falls das nicht der Fall ist, sollten Sie diese durch Umschichtungen wiederherstellen.

Nutzen Sie den Pantoffelrechner

Dabei hilft der Onlinerechner unter test.de/pantoffelrechner. Grundsätzlich gilt: Wenn die Aktienkurse stark gestiegen sind und der Renditebaustein dadurch zu viel Gewicht bekommen hat, gilt es, Fondsanteile zu verkaufen und den Zinsbaustein aufzustocken. Umgekehrt sollten Anlegende Fondsanteile nachkaufen, wenn die Kurse gefallen sind. Pantoffel-Sparer sollten ihre Rate umlenken wie auf Seite 41 beschrieben.

Anpassungen werden erst bei Abweichungen von 10 Prozentpunkten erforderlich. Diese Vorgehensweise wird als antizyklisches Umschichten bezeichnet und ist einer der Erfolgsfaktoren des Pantoffel-Portfolios. Denn weil Anlegende genau dann kaufen, wenn die Preise günstig sind, lässt sich so der durchschnittliche Einstandspreis für die Fondsanteile optimieren.

Wichtig dabei ist, Prozentpunkte nicht mit Prozent zu verwechseln. Beispiel: Sie haben ein Depot mit 50:50-Aufteilung, also einen ausgewogenen Pantoffel. Umschichten sollten Sie, wenn der Aktienanteil mindestens 20 Prozent abweicht und ab 60 oder nur 40 Prozent oder weniger ausmacht. Nun sagen wir, die Abweichung soll nicht mehr als 10 Prozentpunkte betragen. Das ergibt wieder 60 und 40 Prozent.

Bei anderen Depotmischungen gibt es andere Abweichungen in Prozent, aber es rechnet sich mit Prozentpunkten leichter. Ein defensives Depot mit 25 Prozent Aktien muss umgeschichtet werden, wenn ihr Anteil 15 oder 35 Prozent beträgt. Hier führen die zehn Prozentpunkte Unterschied zu einer Abweichung von 40 Prozent. Die Grenzen für ein offensives Depot liegen bei 65 Prozent beziehungsweise 85 Prozent Aktien. Die Abweichung beträgt hier 13,3 Prozent. Insgesamt zeigt sich, dass gleiche Abweichungen in Prozentpunkten je nach Höhe des angestrebten Aktienanteils zu ganz unterschiedlichen Schwellenwerten in Prozent führen können.

Umschichten selten notwendig

Zum Glück waren in der Vergangenheit bei den meisten Pantoffelvarianten Umschichtungen nur selten erforderlich (siehe „Anzahl der Anpassungen" in der Tabelle auf Seite 42). Da das Pantoffel-Portfolio nicht aktiv von einer Vermögensverwaltung oder Anlageberatung gemanagt wird, sondern nur die Marktentwicklung widerspiegelt, ist es ein idealer Maßstab, um durch Vergleichen den Erfolg individuell zusammengestellter Wertpapierdepots zu ermitteln.

Es ist nicht notwendig, das eigene Pantoffel-Portfolio ständig im Blick zu behalten. Normalerweise genügt es, einmal jährlich zu prüfen, ob das Mischungsverhältnis noch stimmt. Gibt es aber außergewöhnliche Nachrichten von den Kapitalmärkten, die zu Euphorie oder Besorgnis Anlass geben, sollten Anleger sicherheitshalber auch zwischendurch prüfen, ob ihr Portfolio aus dem Gleichgewicht geraten ist.

All jene, die beim Sicherheitsbaustein Wertschwankungen partout vermeiden wollen, sollten von Rentenfonds die Finger lassen und stattdessen Tagesgeld wählen. Aktuelle Konditionen finden Sie unter test.de/tagesgeld. Da Finanztest das Pantoffel-Portfolio aber für langfristig Orientierte entwickelt hat, sind vorübergehende Kursverluste bei Rentenfonds nicht dramatisch. Eine bequeme Lösung sind sie allemal, da sie mit zeitlichem Versatz auf Zinsänderungen reagieren und es Anlegenden ersparen, den Zinsmarkt auf der Suche nach attraktivem Tagesgeld konstant zu beobachten.

Als Alternative kommen ETF infrage, die den Geldmarktzins widerspiegeln. Beispiele sind die ETF von Xtrackers (EUR Overnight Rate Swap Ucits ETF 1C, Isin LU0290358497) und Amundi (Euro Overnight Return Ucits ETF Acc, FR0010510800), die es aber nicht überall als Sparplan gibt.

Bei minimalem Kursrisiko sind ähnliche Renditen wie mit gutem Tagesgeld drin. Allerdings fallen Kaufkosten und – wenn auch geringe – laufende Kosten an. Die Kaufkosten können dazu führen, dass der Zinsertrag der ersten Monate aufgezehrt wird.

Grundsätzlich eignet sich das Pantoffel-Portfolio für alle, die Geld anlegen oder per Sparplan sparen wollen. Einzige Einschränkung: Es handelt sich um eine mittel- bis langfristige Strategie für mindestens zehn Jahre. Finanztest rät davon ab, den zunächst gewählten Mix immer wieder zu verändern, denn das stellt die gesamte Strategie infrage. Etwas anderes ist es, die Aktienquote an veränderte Lebensverhältnisse anzupassen, etwa nach dem Kauf einer Immobilie oder einer Existenzgründung.

Umschichten durch Umlenken

Ratensparer und -sparerinnen müssen nicht auf einen Schlag umschichten. Sie können stattdessen so lange die Sparraten in den untergewichteten Baustein lenken, bis die Balance zwischen Sicherheits- und Risikobaustein wieder stimmt. Je nach Konstellation gibt es drei Varianten, wie umgeschichtet werden sollte.

- **Konstellation 1:** Sie haben den Sicherheitsbaustein in Zinsprodukten angelegt und den Renditebaustein in einen Aktien-ETF. Der Aktienanteil ist um mehr als zehn Prozentpunkte zu hoch. Dann stoppen Sie die Einzahlungen in den ETF und lenken die gesamte Rate in die Zinsanlage, bis die gewünschte Gewichtung wieder erreicht ist.
- **Konstellation 2:** wie Konstellation 1, nur ist dieses Mal der Anteil im Sicherheitsbaustein Zinsprodukte zu hoch. Dann lassen Sie die Zinsprodukte stehen und erhöhen Sie einfach die monatliche Einzahlung in den Aktien-ETF, indem Sie Ihre gesamte Einzahlung in den ETF lenken. Das tun Sie so lange, bis die ursprüngliche Gewichtung wiederhergestellt ist.
- **Konstellation 3:** Sie besparen zwei ETF – einen Renten-ETF für den Sicherheitsbaustein und einen Aktien-ETF für den Renditebaustein. Dann stoppen Sie einfach die Einzahlungen in den übergewichteten ETF und lenken diesen Teil des Sparbeitrags in den untergewichteten ETF um, bis das Verhältnis zwischen beiden wieder stimmt.

Diese Methode hat den Vorteil, dass sie keine Transaktionskosten verursacht, da keine Anteile verkauft werden. Allerdings kann es länger dauern, bis die ursprüngliche Gewichtung wiederhergestellt ist, insbesondere wenn die die Märkte stark schwanken.

Bei Depots mit Beimischungen müssen Inhaber mehrere Portfoliobestandteile im Blick behalten – jeder einzelne könnte zu weit von der gewünschten Gewichtung abweichen. Das ist nicht nur komplexer zu rechnen, es kann auch teuer werden.

So ist zum Beispiel ein Szenario denkbar, in dem Zinsen fallen, Aktienkurse steigen und der Goldpreis sich seitwärts bewegt. Anlegende mit dieser Kombination müssten dann alle drei Komponenten anpassen. Umschichtungen bei kleinen Beträgen können bei einigen Banken viel kosten – etwa wenn Mindestgebühren von 20 Euro oder mehr pro Order anfallen.

Antizyklisch umschichten

Es geht beim Pantoffel-Portfolio im Unterschied zu einer reinen „Buy and hold"-Strategie also darum, die einmal gewählte Mischung beizubehalten, anstatt einfach nur Aktien zu kaufen und sie dann laufen zu lassen. Das wäre zwar bequem, aber nicht die beste Methode. Besser ist es, ein Depot aus Aktienfonds und Zinsanlagen antizyklisch umzuschichten. Sind die Aktienmärkte be-

Überschaubarer Aufwand beim Pantoffel-Portfolio

Wenn der Aktienanteil im Pantoffel-Portfolio von der gewünschten Gewichtung abweicht, sollten Anlegerinnen und Anleger eingreifen und die alten Verhältnisse wiederherstellen. Allerdings ist das selten notwendig: Vier bis neun Aktionen wären in der Rückrechnung in den letzten 30 Jahren notwendig gewesen.

Risikoprofil	Anzahl der Anpassungen	
	Ohne Beimischung	Mit Beimischung
Defensiv	4	3–7
Ausgewogen	6	6–9
Offensiv	3–5	3–8

Quelle: Eigene Simulationen. Stand: 29.02.2024

sonders gut gelaufen, verkaufen Anlegende einen Teil ihrer Aktienfondsanteile und schichten das Geld in Zinsanlagen um. Hat es an der Börse gekracht, kaufen sie Aktien nach und verkaufen einen Teil ihrer Zinsanlagen. Psychologisch schwierig – aber ein Erfolgsrezept beim Pantoffel-Portfolio.

Regelmäßig Gewichtung prüfen

Eine häufig gestellte Frage ist, wie oft man das Depot überprüfen soll. Bei unseren Berechnungen schauen wir aus Gründen der Systematik monatlich ins Depot. Doch weil das Pantoffel-Portfolio bequem sein soll, ist der Rat, einmal pro Jahr nachzusehen und zusätzlich dann, wenn die Medien voll sind von Börsennachrichten, von schlechten oder euphorischen. Erkennen Anlegerinnen und Anleger eine starke Abweichung, schichten sie um und stellen das ursprüngliche Gleichgewicht wieder her.

Oft fragen uns Leserinnen und Leser auch, warum Finanztest die Schwelle ausgerechnet bei plus/minus 10 Prozentpunkten festgelegt hat und nicht etwa bei fünf oder 15 Prozentpunkten. Um die Auswirkungen niedriger oder höher angesetzter Schwellenwerte für die Umschichtung zu zeigen, hat Finanztest die Einmalanlage von 100 000 Euro in ausgewogene Welt-Pantoffel-Portfolios über 30 Jahre simuliert (Stand: 30 September 2022).

Dabei wurden die folgenden Schwellenwerte für Umschichtungen getestet:

- **0 Prozentpunkte** – das Portfolio wird monatlich exakt auf die 50:50-Aufteilung zurückgesetzt.
- **5 Prozentpunkte** – das Portfolio wird bei einer Abweichung von 5 Prozentpunkten ausbalanciert. Der Aktienanteil darf also zwischen 45 und 55 Prozent schwanken.
- **10 Prozentpunkte** – unsere klassische Empfehlung. Der Aktienanteil darf zwischen 40 und 60 Prozent schwanken.
- **20 Prozentpunkte** – im Portfolio wird eine größere Abweichung von der 50:50-Mischung erlaubt. Der Aktienanteil kann hier sogar zwischen 30 und 70 Prozent schwanken.
- **Halten** – das Portfolio wird nach der Einmalanlage nicht mehr angefasst. Der Aktienanteil kann theoretisch zwischen 0 und 100 Prozent schwanken.

Die höchste Rendite von 6,5 Prozent pro Jahr über 30 Jahre gab es mit dem „Halten"-Portfolio. Der Grund: Der Aktienanteil wurde im Zeitverlauf sehr groß, das ausgewogene wurde zu einem offensiven Portfolio mit einem Aktienanteil von 86 Prozent.

Damit profitierte dieses Portfolio von der guten durchschnittlichen Aktienmarktrendite über 30 Jahre. Aber: Das „Halten"-Portfolio war auch das riskanteste. Die längste Verlustphase lag bei 12,5 Jahren und damit doppelt so hoch wie bei den anderen Portfolios. Auch die schlechteste Einjahresrendite ist mit minus 26,8 Prozent deutlich höher als bei den anderen Varianten.

Die schlechteste Rendite von 5,5 Prozent pro Jahr gab es für das 0-Prozent-Schwelle-Portfolio. Die häufigen Umschichtungen verursachen zu hohe Handelskosten, die an der Rendite zehren. Zudem wird bei Erholung der Aktienmärkte dem Aktien-ETF weniger Futter zum Wachsen gegeben.

Die 10-Prozent-Schwelle hat sich gut geschlagen. Hier gab es mit sechs Prozent pro Jahr die zweithöchste Rendite. Der Aufwand war mit acht Umschichtungen innerhalb von 30 Jahren überschaubar, und das Risiko mit der schlechtesten Einjahresrendite von minus 19,1 Prozent im Rahmen.

Oft wird auch gefragt, ob man sein Pantoffel-Portfolio mit einer Stop-Loss-Order absichern soll. Dabei legt der Anleger einen Kurs fest, ab dem der Aktienfonds verkauft werden soll – um Verluste zu begrenzen (Stop Loss). Das ist nicht empfehlenswert.

- **Erstens** verlieren Anleger dabei oft Geld, weil der Fonds nicht zum Stop-Kurs selbst, sondern zum nächsten Kurs verkauft wird – und der liegt oft weit darunter.
- **Zweitens** ist unsere Strategie, bei fallenden Kursen nicht aus den Aktien auszusteigen, sondern im Gegenteil nachzukaufen. Das ist es, was das Pantoffel-Portfolio so erfolgreich macht.

Core-Satellite – die Mutter aller geboosterten Pantoffel

Die Core-Satellite-Strategie ist ein Eckpfeiler aller geboosterten Pantoffel, allerdings mit mehr Flexibilität bei den Beimischungen, hier Satelliten genannt. Es kommen nicht nur ETF infrage.

Hinter dem englischen Begriff „Core-Satellite" verbirgt sich ein Investment, das ein optimiertes Rendite-Risiko-Profil bieten soll. Im Pantoffel-Portfolio wäre der ETF auf den MSCI World das Kerninvestment (Core). Es wird flankiert von einem risiko- und renditearmen Teil, der Schwankungen dämpfen soll – im Pantoffel entspricht das den Zinsprodukten.

Was der Standard-Pantoffel nicht kennt, sind die sogenannten Satelliten-Investments. Die kommen erst in den Varianten des Pantoffel-Portfolios hinzu, die wir ab Seite 54 in diesem Ratgeber vorstellen. Die Satelliten sollen das Beimischen individueller Bausteine ermöglichen. Als Satelliten infrage kommen zum Beispiel Branchen- oder Themen-ETF, etwa Fonds zur grünen Energie, sowie Einzelaktien und Edelmetalle.

Das kann sogar dazu führen, dass einzelne Investments sowohl im Core als auch im Satelliten vertreten sind. Beispiele: Die Apple-Aktie steckt im ETF auf den MSCI World als Kerninvestment, sie kann aber auch als Einzelaktie als Satellit hinzugenommen werden. Auch in einem Themen-ETF „Technologie" könnte sie enthalten sein. Dies ist allerdings nur dann sinnvoll, wenn Anlegende die Apple-Aktien tatsächlich übergewichten wollen.

Core-Satellite trägt dem langfristigen Vermögensaufbau durch ein Kerninvestment, zum Beispiel im Rahmen des Pantoffel-Portfolios, Rechnung. Dieses bleibt auf Dauer angelegt und macht mindestens 80 Prozent des Renditebausteins aus. Die Core-Satellite-Strategie berücksichtigt aber auch den Wunsch von Anlegenden, Chancen an den Wertpapiermärkten zu nutzen, die sie selbst entdeckt haben.

Bei sehr riskanten Satelliten Sicherheitsbaustein größer wählen

Damit das klappt, empfiehlt Finanztest, maximal 20 Prozent des Renditebausteins als Satelliten beizumischen. So können Anlegende den Spaß am Investieren ausleben, ohne Gefahr zu laufen, sich finanziell zu ruinieren, wenn die Satelliten doch nicht den gewünschten Ertrag bringen.

Wenn Sie sehr risikoreiche Satelliten beimischen, zum Beispiel Einzelaktien, kann es

Nicht für kleine Portfolios geeignet

Damit die Rendite nicht zu sehr unter den Zusatzkosten durch Core-Satellite leidet, ist eine gewisse Depotgröße erforderlich. Lesebeispiel: Wer ein ausgewogenes Pantoffel-Portfolio mit zwei Beimischungen besitzt, sollte mindestens 40 000 Euro angelegt haben, wenn er maximal ein Prozent Handelskosten beim Umschichten anstrebt.

Risikoprofil	Nötige Portfoliogröße bei 10 Euro Mindestkosten, um max. 1 Prozent prozentuale Kosten zu haben, bei ... Beimischungen				
	0	1	2	3	4
Sicherheit	0	0	0	0	0
Defensiv	10 000	40 000	80 000	120 000	160 000
Ausgewogen	10 000	20 000	40 000	60 000	80 000
Offensiv	10 000	13 333	26 667	40 000	53 333
Rendite	10 000	10 000	20 000	30 000	40 000

sinnvoll sein, den gesamten Renditebaustein etwas kleiner und dafür den Sicherheitsbaustein etwas größer zu wählen.

Was den Arbeitsaufwand und die Gebühren betrifft, ist Core-Satellite kostspieliger als der Standard-Pantoffel. Es gilt, die Satelliten konstant im Blick zu behalten. Gerade bei Sparplänen macht Core-Satellite mehr Arbeit. Zudem kann das Investment in die Satelliten teurer sein als das ETF-Basisinvestment. Der Kauf aktiv gemanagter Fonds etwas kann höhere Entgelte mit sich bringen. Und wer zum Beispiel Gold oder Silber physisch erwirbt, muss die Aufbewahrung und Versicherung der Edelmetalle und bei Silber sogar die Mehrwertsteuer von 19 Prozent mit einkalkulieren.

Hinzu kommen die Kosten der Umschichtungen beim Rebalancing: Darunter versteht man das Wiederherstellen der gewünschten Gewichtung der einzelnen Bausteine, nachdem sich die Verhältnisse verschoben haben, weil die Märkte unterschiedlich gut gelaufen sind.

Die Tabelle oben zeigt, dass Core-Satellite nicht für ganz kleine Portfolios taugt. Schon bei zwei Beimischungen müsste das ausgewogene Portfolio 40 000 Euro schwer sein.

Nachhaltig investieren

Mithilfe des Nachhaltigkeitsratings von Finanztest können Anlegerinnen und Anleger Fonds herausfiltern, die ethisch-ökologisch anlegen. Auch das Pantoffel-Portfolio gibt es in Grün.

Wer sich für nachhaltige oder ethisch-ökologische Geldanlage interessiert, wird immer wieder den sogenannten ESG-Kriterien begegnen. Die Abkürzung steht für „Environmental, Social and Governance", auf Deutsch „Umwelt, soziales Verhalten und faire Unternehmensführung" – oder für ethisch-ökologisches Handeln von Unternehmen.

Die drei Oberbegriffe haben sich bei professionellen Investoren wie Pensionsfonds oder Vermögensverwaltern als zentrale Kriterien zur Einstufung von Geldanlagen als nachhaltig durchgesetzt:

- **Environmental:** Dazu gehören zum Beispiel umweltverträgliche Produktion, effizienter Umgang mit Rohstoffen und Abfallvermeidung und die Reduktion von Emissionen in Luft und Wasser. Auch die Aktionen von Unternehmen, die in erneuerbare Energie und Technik zur Bewältigung des Klimawandels investieren, fallen in diese Kategorie.
- **Social:** In diesen Bereich fallen Unternehmen, die hohe Standards beim Schutz der Rechte und der Gesundheit der Arbeitnehmer setzen. Kinder- und Zwangsarbeit sind tabu, ebenso wie die Diskriminierung von Frauen, ethnischen Gruppen und Minderheiten. Unternehmen, die dieses Nachhaltigkeitskriterium erfüllen, bieten faire Arbeitsbedingungen und angemessene Löhne. Zudem dringen sie auch bei ihren Zulieferern auf Einhaltung von Nachhaltigkeitsstandards.
- **Governance:** Eine gute Unternehmensführung lehnt Korruption oder Bestechung grundsätzlich ab und sorgt mit der Transparenz ihrer Entscheidungen dafür, dass dies auch überprüfbar ist. Nachhaltigkeit ist in diesen Firmen Chefsache, also in der Geschäftsführung und den Kontrollorganen verankert. Die verantwortlichen Führungskräfte werden entsprechend ihrer Leistung für mehr Nachhaltigkeit vergütet. Whistleblower werden gehört, nicht gefeuert.

Was nun im Einzelnen nachhaltig ist, darüber gehen die Meinungen mitunter auseinander. So fanden sich zum Beispiel Aktien des Sportartikel-Herstellers Nike im Fonds der nachhaltigen Steyler-Bank. Zur Begründung führte das Management die Klimaschutzstrategie des Unternehmens und das

So bekommen grüne Fonds ihre Note

Fonds, die unsere strenge Vorauswahl überstanden haben (siehe Seite 48), durchlaufen einen mehrstufigen Auswahlprozess. Viele Titel werden aussortiert. Unsere Bewertung stützt sich auf die verschiedenen Arbeitsschritte: Wir untersuchen Ausschlusskriterien und Auswahlmethoden.

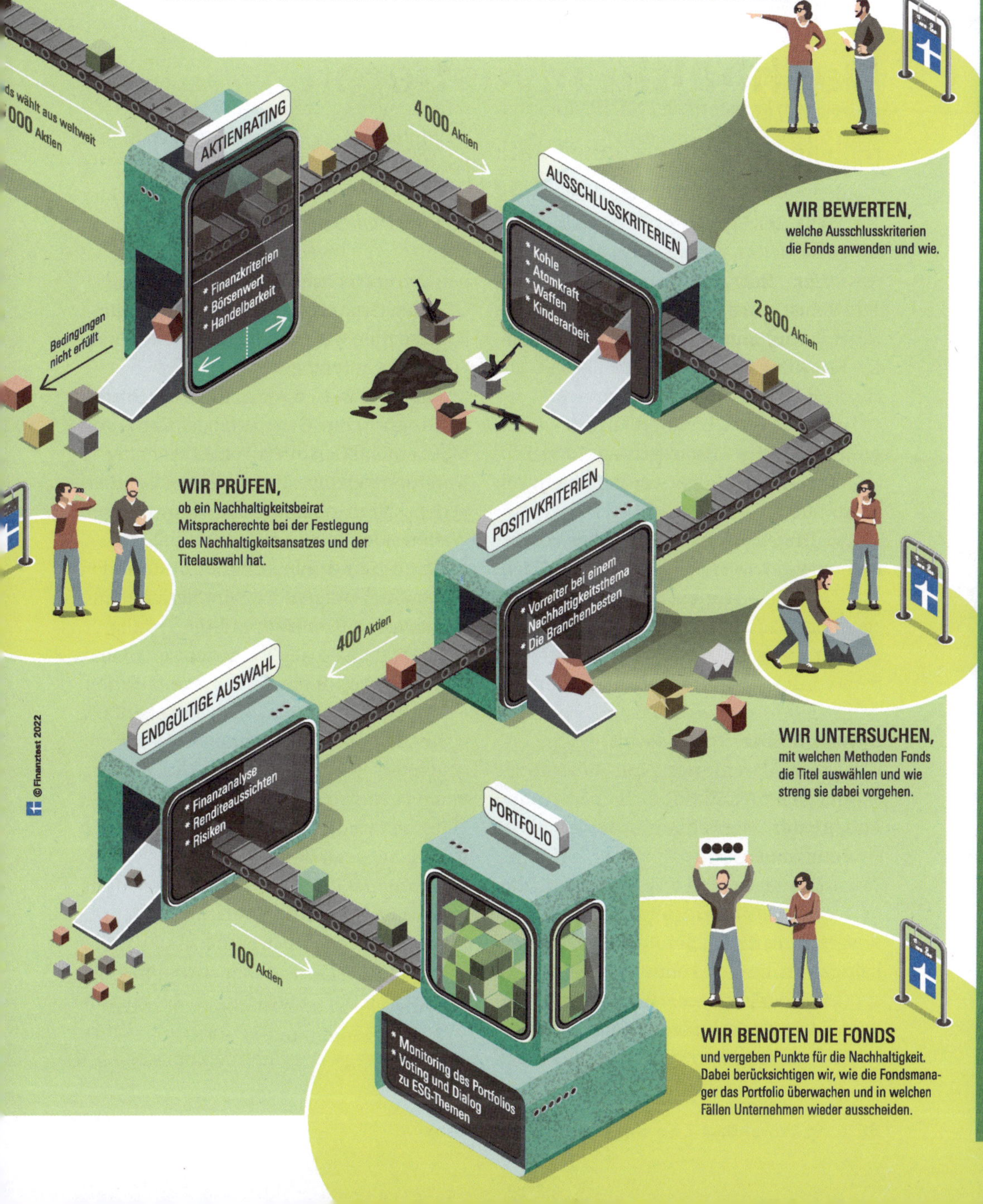

Umweltmanagement in seiner Lieferkette an. Dagegen kritisierte der Nachhaltigkeitsindex-Spezialist MSCI die Arbeitsbedingungen in den Lieferketten.

Auch der Kaffeefilialist Starbucks wird unterschiedlich bewertet. Er verkauft zwar fair gehandelten Kaffee und bemüht sich, Wasser und Energie zu sparen. Auf der anderen Seite stören sich manche Fondsmanager an der Steuervermeidungsstrategie des Konzerns und verzichten deshalb auf ein Investment in das Unternehmen.

Für Fonds und ETF hat Finanztest eine eigene Nachhaltigkeitsbewertung entwickelt. Damit erkennen Sie klar, wie nachhaltig ein Fonds oder ETF tatsächlich ist. Das Verfahren besteht aus zwei Stufen – einer Vorauswahl und einem Fragebogen für die Nachhaltigkeitsbewertung. Die wiederum bezieht sich auf den gesamten Auswahlprozess der Fonds und besteht aus zwei großen Blöcken, die wir im Folgenden vorstellen.

Schritt 1: Die Vorauswahl

Wir haben Aktienfonds Welt, Aktienfonds Schwellenländer, Aktienfonds Europa und Aktienfonds Deutschland getestet. Bildet ein Fonds einen Index ab, so kam er für den Test nur infrage, wenn er im Index enthaltene Aktien kauft, also physisch repliziert. Ausgeschlossen von der Prüfung der Nachhaltigkeit haben wir Fonds, die einen Index synthetisch replizieren. Hierbei werden andere Aktien als die im Index enthaltenen gekauft und die Wertentwicklung des Index mittels eines Swaps, also eines Tauschgeschäfts, sichergestellt.

Wir haben 934 Fonds aus den genannten Fondsgruppen als potenziell nachhaltig identifiziert. Entweder haben die Anbieter selbst angegeben, es handle sich um einen nachhaltigen Investmentfonds, oder sie haben den Fonds nach Artikel 8 oder 9 der EU-Offenlegungsverordnung eingestuft. Diese Fonds haben wir in der Folge einem Vorab-Screening unterzogen.

Zunächst werfen wir mithilfe des Prüfinstituts The Value Group und der Daten von MSCI einen Blick in die Fonds. Wenn sie in Unternehmen investieren, die fossile Reserven besitzen oder die mit kontroversen Waffen oder Tabak in Verbindung stehen, erhalten sie nur einen Punkt und werden nicht weiter untersucht. Wir tolerieren fünf Prozent Anteil an Unternehmen mit fossilen Energiereserven, 10 Prozent mit Tabak und null Prozent mit kontroversen Waffen.

Die Null-Prozent-Schwelle gilt ebenfalls, wenn die Fonds in Firmen investieren, die gegen das Regelwerk der UN-Global-Compact-Prinzipien der verantwortungsvollen Unternehmensführung verstoßen. Auch dann gibt es nur einen Punkt.

→ Die zehn Prinzipien des UN-Global-Compact

Prinzip 1: Die Unternehmen unterstützen und achten den Schutz der Menschenrechte.

Prinzip 2: Die Unternehmen stellen sicher, dass sie sich nicht an Menschenrechtsverletzungen beteiligen.

Prinzip 3: Die Unternehmen wahren die Vereinigungsfreiheit und die wirksame Anerkennung des Rechts auf Kollektivverhandlungen.

Prinzip 4: Die Unternehmen unterstützen die Beseitigung von Zwangs- und Pflichtarbeit.

Prinzip 5: Die Unternehmen unterstützen die wirksame Abschaffung der Kinderarbeit.

Prinzip 6: Die Unternehmen fördern die Beseitigung von Diskriminierung in Beschäftigung und Beruf.

Prinzip 7: Die Unternehmen verfolgen im Umgang mit Umweltproblemen einen vorsorgenden Ansatz.

Prinzip 8: Die Unternehmen ergreifen Initiativen, um ihr Umweltbewusstsein zu fördern.

Prinzip 9: Die Unternehmen fördern die Entwicklung und Verbreitung umweltfreundlicher Technologien.

Prinzip 10: Die Unternehmen gehen gegen Korruption, einschließlich Erpressung und Bestechung, vor.

Mehr als 13 000 Unternehmen aus über 160 Ländern nehmen am Global Compact teil.

Schritt 2: Nachhaltigkeit bewerten

Den Anbietern der Fonds, die das Vorab-Screening bestanden haben, haben wir einen Fragebogen geschickt. Für 513 Fonds und ETF haben wir eine Nachhaltigkeitsbewertung vergeben und unsere große Fondsdatenbank entsprechend aktualisiert.

Die Bewertung von insgesamt 29 Ausschlusskriterien macht 50 Prozent der Gesamtnote aus. In die anderen 50 Prozent fließen weitere Auswahlkriterien ein, etwa welche Auswahlstrategien der Fondsanbieter verfolgt, wie streng er bei der Auswahl der Aktien vorgeht oder ob er einen unabhängigen Nachhaltigkeitsbeirat einsetzt. Engagement und Transparenz fließen nicht in die Nachhaltigkeitsbewertung ein, sondern werden separat bewertet.

Die Bewertung für die Nachhaltigkeit ist in fünf Stufen aufgeteilt: Sehr hoch bedeutet dabei fünf Punkte, Sehr niedrig einen Punkt. Um die volle Punktzahl zu erreichen, darf ein Fonds nur in Unternehmen investieren, die höchstens fünf Prozent ihres Umsatzes mit Geschäften machen, die gegen eines oder mehrere der 29 Ausschlusskriterien verstoßen, bis zur Grenze von 10 Prozent gibt es die halbe Punktzahl. Ausnahmen sind geächtete Waffen, Ölsände und Fracking sowie Tabakproduktion und Pornografie. Hier liegen unsere Grenzen bei null und fünf Prozent. Bei Umweltzerstörung, Korruption, Arbeits- und Menschenrechten kommt es auf ernste und wiederholte Verstöße an.

Die andere Hälfte der Gesamtnote für die Finanztest-Nachhaltigkeitsbewertung setzt sich aus weiteren Auswahlkriterien zusammen, zum Beispiel der Strenge der Auswahl. Wir prüfen und bewerten, ob es einen Nachhaltigkeitsbeirat mit unabhängigen Experten gibt, und bewerten auch die Auswahlstrategien.

Hierzu gehören Best-in-Class (Auswahl der Besten einer Branche), Best-of-all-Classes (Auswahl der branchenunabhängig Besten), die absolute Selektion (Auswahl von Titeln, die ein bestimmtes Rating erreichen) und die Themenauswahl.

- Beim Best-in-Class-Ansatz wählen Fondsgesellschaften aus jeder Branche die Besten aus – die Unternehmen also, die jeweils am nachhaltigsten sind. Vorteil: Das Portfolio ist breit gestreut. Nachteil: So landen auch Ölkonzerne im Portfolio, was vielen auf Nachhaltigkeit bedachten Anlegern nicht gefällt. Oft wird der Best-in-Class-Ansatz mit Ausschlusskriterien verknüpft.
- Bei der Best-of-all-Classes-Strategie wählen die Anbieter die nachhaltigsten Unternehmen über alle Branchen hinweg aus. Legen sie die Messlatte hoch genug, haben Unternehmen aus „schmutzigen" Branchen keine Chance. Die Vorgehensweise ist strenger als der Best-in-Class-Ansatz, das Portfolio ist weniger breit gestreut, weil weniger Branchen vertreten sind. Es gelten zudem Ausschlusskriterien.
- Während beim Best-in-Class- und beim Best-of-all-Classes-Ansatz die Unternehmen jeweils relativ zueinander bewertet werden, bekommen bei der absoluten Selektion – sprich: der Auswahl der messbar besten Unternehmen – nur die Unternehmen eine Chance, die bestimmte nachhaltige Mindeststandards erfüllen. Gemessen wird der Mindeststandard zum Beispiel anhand von Ratings oder Scores. Wie nachhaltig der Fonds ist, hängt von der Strenge der Kriterien ab. Diese Auswahlmethode wird oft mit Best-in-Class kombiniert.
- Bei der Themenauswahl definieren die Fonds Themen, zum Beispiel „globale Herausforderungen", „Transformationsthemen" oder Branchen wie „Erneuerbare Energien" oder „Energieeffizienz" und wählen die passenden Unternehmen aus. In der Praxis wird der Themenansatz oft mit einer der anderen Strategien kombiniert. Auch Ausschlusskriterien kommen zum Einsatz.

Auch das Engagement in Sachen Nachhaltigkeit bewertet Finanztest. Damit ist gemeint, ob der Fondsanbieter auf den Hauptversammlungen der Unternehmen, an denen er beteiligt ist, seine Stimmrechte ausübt und ob er direkt mit den Unternehmen kommuniziert. Das Urteil fällt umso besser aus, je mehr die Fondsanbieter die Firmen bei ihrem Engagement begleiten. Finanztest erwartet von den Fondsanbietern, dass sie

Der nachhaltige Welt-Pantoffel hat im Vergleich mit dem klassischen die Nase vorn

Pantoffel-Portfolio	Chance-Risiko-Zahl (Prozent)		Risiko [1)]		Rendite (Prozent pro Jahr)			Aufwand (Anzahl Rebalancing) [1)]
	10 Jahre	5 Jahre	Max. Verlust (Prozent)	Längste Verlustphase (Jahre)	10 Jahre	5 Jahre	1 Jahr	
Risikoprofil: Sicherheit. 0 Prozent Renditebaustein.								
Euro-Anleihen	97	98	-20	3,2	0,5	-1,7	5,1	0
Risikoprofil: Defensiv. 25 Prozent Renditebaustein.								
SRI-Welt	100	104	-17	2,2	3,9	2,7	9,4	2
Welt	99	101	-16	2,2	3,7	2,3	9,4	2
Risikoprofil: Ausgewogen. 50 Prozent Renditebaustein.								
SRI-Welt	100	103	-17	2,2	7,0	6,6	13,7	2
Welt	98	99	-15	2,2	6,5	6,0	13,8	2
Risikoprofil: Offensiv. 75 Prozent Renditebaustein.								
SRI-Welt	100	102	-17	2	10,1	10,7	18,1	1
Welt	97	100	-17	1,9	9,4	9,8	18,1	1
Risikoprofil: Rendite. 100 Prozent Renditebaustein.								
SRI-Welt	100	101	-17	1,9	12,6	14,1	22,4	0
Welt	97	98	-20	1,5	11,8	12,8	22,5	0

Gruppierung nach Risikoprofil. Reihenfolge innerhalb eines Risikoprofils nach Chance-Risiko-Zahl über 10 Jahre. Simulierte Einmalanlage über 10 Jahre. Sicherheitsbaustein: Euro-Anleihen-ETF. Renditebaustein: MSCI-World-ETF bzw. MSCI-World-SRI-ETF.
1) Bezieht sich auf 10-Jahreszeitraum. Quelle: Refinitiv, eigene Simulationen Stand: 29. Februar 2024

Konsequenzen ziehen und ihre Aktien verkaufen, wenn der Engagement-Prozess scheitert und ein Unternehmen bestimmte Missstände nicht abstellt. Außerdem bewerteten die Experten, wie gut die Anbieter über ihre Engagement-Strategie informieren. Beim Prüfpunkt „Umfang des Engagements" greift Finanztest auf die Selbsteinschätzung der Anbieter zurück.

Bei der Transparenz bewerten die Experten, wie oft der Anbieter das Portfolio veröffentlicht, ob er offenlegt, welche Aktien er aus Nachhaltigkeitsgründen verkauft hat, ob er seinen Nachhaltigkeitsansatz erläutert und regelmäßig darüber berichtet.

Die besten ETF kommen gruppenübergreifend auf drei Punkte für mittlere Nachhaltigkeit. Der Grund auch hier: weniger Ausschlüsse. Außerdem setzen die untersuchten ETF – die ja einen Index abbilden – keinen Nachhaltigkeitsbeirat ein, der das Fondsmanagement berät. Der ist ebenfalls Bestandteil unserer Bewertung. Volle Punktzahl gibt es, wenn das Gremium unabhängig ist und Mitsprache bei den Nachhaltigkeitskriterien und der Titelwahl hat.

Ein verbreiteter Irrtum ist, dass eine nachhaltige Geldanlage weniger einbringt als eine konventionelle. Gute nachhaltige Fonds schnitten in der Vergangenheit sogar häufig ein wenig besser ab als konventionelle Fonds. Dabei taten sich aktiv gemanagte Fonds zuletzt auch schwerer als ETF.

Aber selbst wenn es gerade einen sehr nachhaltigen Fonds gäbe, der zudem fünf Punkte im Anlageerfolg erzielt – die Bestnote hält meist nicht lange. Kaum ein aktiver Fonds schafft es, den Referenzindex langfristig zu schlagen.

Nachhaltige Pantoffel schlugen die konventionellen Varianten

Das Pantoffel-Portfolio, die Finanztest-Anlagestrategie für Bequeme, gibt es auch in Grün. Renditeeinbußen brauchen Anlegerinnen und Anleger dabei nicht zu befürchten, ganz im Gegenteil.

Analysiert hat Finanztest zum einen das klassische Welt-Pantoffel-Portfolio mit einem weltweit anlegenden ETF als Renditebaustein und zum anderen das nachhaltige Welt-Pantoffel-Portfolio.

In nahezu allen untersuchten Zeiträumen in den letzten zehn Jahren (Stand: Februar 2024) schnitt die grüne Variante des Welt-Pantoffel-Portfolios besser ab als die konventionelle (siehe Tabelle auf Seite 51).

Dies trifft sowohl auf die erzielte Rendite zu als auch auf die Chance-Risiko-Zahl. Diese resultiert aus dem Vergleich von Fonds und Index. Sie gibt an, wie gut ein Fonds im Vergleich zu seinem Referenzindex abgeschnitten hat. Wenn die Chance-Risiko-Zahl bei 100 liegt, war ein Fonds genauso gut wie der Index. Ist sie größer als 105, war der Fonds deutlich besser als der Index. Bezogen auf den MSCI World erreichten die nachhaltigen Varianten im Zehn-Jahres-Zeitraum das Ergebnis des Index und übertrafen ihn im Fünf-Jahres-Zeitraum.

Nachhaltige Indizes liefern gute Ergebnisse

Die Grafik zeigt die jährliche Performance des MSCI World im Vergleich zu nachhaltigen Indizes. Dabei wird sichtbar, dass man mit nachhaltigen Investments meist nicht auf Rendite verzichten musste.

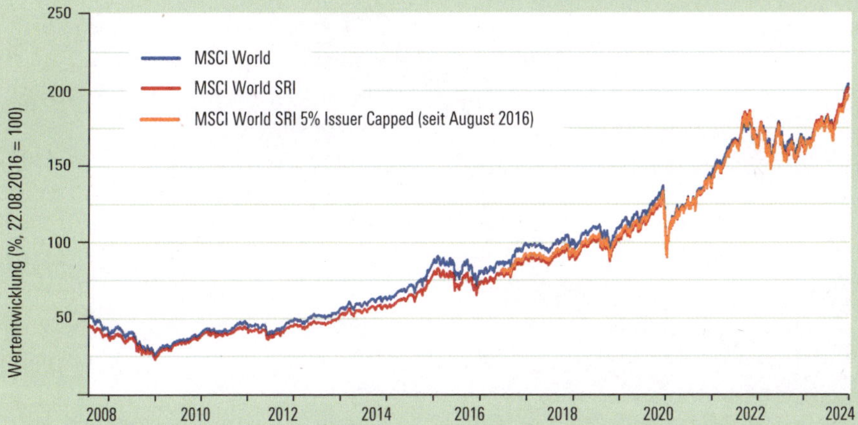

Quelle: Refinitiv, eigene Berechnungen Stand: 18.03.2024

Dies gelang von einer Ausnahme abgesehen keiner der konventionellen Varianten des Pantoffel-Portfolios in einem der beiden Zeiträume. Wichtig dabei: Eine höhere Chance-Risiko-Zahl bedeutet nicht unbedingt ein geringeres Risiko. Sie zeigt nur an, dass der Fonds im Vergleich zum Index eine höhere Rendite erzielt hat. Allerdings unterscheiden sich die Verlustphasen kaum.

Auch eine längerfristige Betrachtung, die 2007 beginnt, zeigt, dass die beiden nachhaltigen Varianten, zu erkennen an dem Namensbestandteil „SRI“ nicht hinter dem Mutterindex MSCI World zurückstehen müssen. Das Kürzel „SRI“ steht für „socially responsible investment“, also gesellschaftlich verantwortungsvolle Geldanlage.

Der Zusatz „5 % Issuer Capped“ bedeutet: Kein Unternehmen, das die sozialen, ökologischen und ethischen Kriterien des Fonds erfüllt, darf mehr als fünf Prozent des Fonds ausmachen. Das stellt sicher, dass der Fonds eine breite Palette von verantwortungsbewussten Unternehmen umfasst und nicht übermäßig von der Performance eines einzelnen Unternehmens abhängig ist.

Boostern für Bequeme

Wollen Sie das klassische Pantoffel-Portfolio gern erweitern? Wir zeigen Ihnen die Möglichkeiten – und bewerten, ob diese sich lohnen.

Als einfach zu handhabende Geldanlage, die langfristig Rendite ohne großes Risiko bringt, reicht das Welt-Pantoffel-Portfolio mit einem ETF auf den MSCI-World-Index als Renditebaustein und Zinsprodukten als Sicherheitsbaustein völlig aus. Aber wenn Sie dieses Buch lesen, wollen Sie vermutlich mehr als das. Vielleicht haben Sie Spaß an der Geldanlage gefunden, und ein Portfolio mit zwei Bausteinen erscheint Ihnen zu langweilig? Oder Sie wollen eigene Ideen ausprobieren, zusätzliche Renditechancen nutzen oder mit Investments gezielt weitere Akzente setzen? Ein Grund für den Wunsch nach einer Beimischung kann auch die Zusammensetzung des MSCI World sein. Manchen Anlegerinnen und Anlegern erscheint der Anteil der US-Aktien in diesem Welt-Index von rund 70 Prozent zu hoch. Sie möchten diese Quote im Pantoffel-Portfolio reduzieren, indem sie ETF auf andere Indizes ergänzen oder den ETF auf den MSCI World ersetzen.

Die gute Nachricht: Das ist kein Problem – das Pantoffelkonzept kann um einen Baustein erweitert werden. So lässt sich zum

Rendite und Risiko aller ausgewogenen Pantoffel-Portfolios

Ausgewogenes Pantoffel-Portfolio (50 % Sicherheitsbaustein, 50 % Renditebaustein)	**Chance-Risiko-Zahl** (Prozent)		**Risiko** [1]		**Rendite über … Jahre** (Prozent pro Jahr)				**Aufwand** (Anzahl Rebalancing) [1]
	10 Jahre	**5 Jahre**	**Max. Verlust** (Prozent)	**Längste Verlustphase** (Jahre)	**30**	**10**	**5**	**1**	
Welt + Gold	101	102	–18	4,7	6,1	6	5,7	12,5	7
SRI-Welt	100	103	–	–	–	7,0	6,6	13,7	–
Welt	98	99	–24	5	6,3	6,5	6	13,8	6
Welt + Rohstoffe	97	103	–21	4,3	6,2	5,7	5,9	12	9
Ganze Welt (inkl. Schwellenländer)	95	96	–25	4,8	6,1	6,1	5,3	12,8	6
Welt + Europa	94	97	–24	4,8	6,3	6	5,5	12,6	6
Welt + Schwellenländer	94	93	–24	4,7	6,1	5,8	4,9	12,1	8
Welt + Kleine Werte	93	95	–24	4,8	6,2	6	5,2	11,9	7
Welt + Dax	92	96	–25	4,8	6,3	5,9	5,5	13	7
Nur Europa	77	86	–28	4,7	5,8	3,8	3,8	7,8	6

Gruppierung nach Risikoprofil. Reihenfolge innerhalb eines Risikoprofils nach Chance-Risiko-Zahl über 10 Jahre und über 5 Jahre. Simulierte Einmalanlage über 30 Jahre. Sicherheitsbaustein: Euro-Anleihen-ETF. Renditebaustein: MSCI-World-ETF plus Beimischung oder MSCI-World-SRI-ETF oder MSCI-ACWI-ETF oder MSCI-Europe-ETF 1) Bezieht sich auf 30-Jahreszeitraum. – = Keine Daten verfügbar.
Quelle: Refinitiv, eigene Simulationen. Stand: 29. Februar 2024.

Beispiel der Anteil der Schwellenländer erhöhen, Deutschland als Heimatmarkt stärker gewichten oder eine zusätzliche Gold-Beimischung integrieren. Gut zu wissen: Die Änderungen betreffen nicht den Sicherheitsbaustein, sondern ausschließlich den Renditebaustein, also den Aktienteil. Das Pantoffel-Portfolio wird dadurch komplexer und pflegeintensiver.

Sieben Varianten des Pantoffel-Portfolios

Finanztest hat über längere Zeiträume diverse Erweiterungsmöglichkeiten des Welt-Pantoffels analysiert. Sieben Varianten stellen wir in diesem Kapitel näher vor:

1 den Schwellenländer-Pantoffel, der die wichtigsten Schwellenländer-Aktien mit einem ETF auf den MSCI Emerging Markets (EM) einbezieht, und als Variante davon den Ganze-Welt-Pantoffel, der einem Index folgt, der sowohl Industrie- als auch Schwellenländeraktien listet,
2 den Kleinen Europa-Pantoffel, der das Gewicht europäischer Aktien im Vergleich zu US-amerikanischen Aktien erhöht, und den Nur-Europa-Pantoffel, bei dem nur noch europäische Aktien ins Depot kommen,
3 den Deutschland-Pantoffel, der den Anteil deutscher Aktien erhöht,
4 den Nebenwerte-Pantoffel, der Small Caps ins Portfolio integriert,
5 den Rohstoffe-Pantoffel,
6 den Gold-Pantoffel und
7 den nachhaltigen Welt-Pantoffel „SRI-Welt", bei dem sozial und ökologisch verantwortliche Geldanlagen und grüne Energien den Welt-ETF ersetzen.

Aus der Tabelle „Rendite und Risiko aller ausgewogenen Pantoffel" ersehen Sie, was die unterschiedlichen Pantoffel-Varianten bei ausgewogener Ausrichtung – 50 Prozent Sicherheitskomponente, 50 Prozent Aktienanteil – in verschiedenen Zeiträumen an Rendite erwirtschaftet haben. Die Ergebnisse zeigen, dass sich wie oben erwähnt die Renditen der untersuchten Pantoffel-Modelle in den Zeiträumen zwischen 1. März 1994 und 29. Februar 2024 langfristig relativ wenig voneinander unterscheiden.

Lediglich der Nur-Europa-Pantoffel liegt in allen Zeiträumen deutlich hinter den anderen Pantoffel-Varianten und liefert mit 3,8 Prozent über fünf und zehn Jahre und 5,8 Prozent über 30 Jahre das schlechteste Ergebnis aller Pantoffel ab.

Die durchschnittlichen jährlichen Renditen der untersuchten Varianten unterscheiden sich vor allem bei kürzeren Laufzeiten deutlich, wie die Tabellen zu den einzelnen Pantoffel-Varianten auf den folgenden Seiten zeigen. Bei längeren Anlagezeiträumen nähern sich die Renditen der meisten Pantoffelmodelle dagegen weitgehend an.

Im 30-Jahres-Zeitraum war die Rendite beim Welt- und beim Kleinen Europa-Pantoffel am höchsten (6,3 Prozent), während in der 10-Jahres-Periode der nachhaltige Welt-Pantoffel (7,0 Prozent) die Nase vorn hatte. Betrachtet man die letzten fünf Jahre bis Ende Februar 2024, lag auch da der nachhaltige Welt-Pantoffel mit 6,6 Prozent deutlich vor dem konventionellen und dem Gold-Pantoffel (6 und 5,9 Prozent).

Sortiert sind die Pantoffel-Varianten in der Tabelle übrigens nach der Chance-Risiko-Zahl, die die Wertentwicklung der betreffenden Variante mit der Performance des Index MSCI World vergleicht.

Natürlich ist die Vergangenheit kein sicherer Indikator, dass es auch künftig so laufen wird. Wer von einer bestimmten Variante des Pantoffels überzeugt ist, kann sie deshalb ruhig wählen. Ganz abgebrühte Investorinnen und Investoren können auch zwischen den Pantoffeln wechseln, wenn sich ihre Markterwartung ändert.

Schwellenländer-Pantoffel: Pack die Tiger ins Depot

Der MSCI World Index enthält nicht die ganze Börsenwelt, bedeutende Schwellenländer wie China fehlen. Mit einem ETF auf einen Emerging-Markets-Index lässt sich die Lücke schließen.

In den 1980er-Jahren verzeichneten die vier asiatischen Staaten Südkorea, Taiwan, Hongkong und Singapur ein überaus starkes Wirtschaftswachstum. Konjunkturforscher sahen sie deshalb „auf dem Sprung", mit ihrer Wirtschaftskraft rasch zu den Industrienationen aufzuschließen.

Große Sprünge, das verbanden Experten mit den weiten Sätzen von Tigern, die dort heimisch sind: Der Begriff Tigerstaaten für die vier Länder war geboren. Nach und nach starteten weitere Schwellenländer – auf Englisch: Emerging Markets – eine wirtschaftliche Aufholjagd, darunter auch China. Zunächst zählten dazu vor allem baltische Staaten, dann kamen die Türkei, die Slowakei, Dubai und Irland dazu. Auch auf sie wurde der Begriff „Tiger" übertragen, obwohl dort gar keine Tiger leben.

Zum Teil ist das mittlerweile ohnehin Vergangenheit, da Hongkong und Singapur genau wie Irland inzwischen zu den Indus-

Pantoffel-Portfolios mit Schwellenländer-Akzent über 30 Jahre

Pantoffel-Portfolio	Chance-Risiko-Zahl (Prozent)		Risiko [1)]		Rendite über ... Jahre (Prozent pro Jahr)				Aufwand (Anzahl Rebalancing) [1)]
	10 Jahre	5 Jahre	Max. Verlust (Prozent)	Längste Verlustphase (Jahre)	30	10	5	1	
Risikoprofil: Defensiv. 25 Prozent Renditebaustein.									
Welt	99	101	–16	2,4	5,2	3,7	2,3	9,4	4
Ganze Welt (inkl. Schwellenländer)	96	98	–16	2,2	5,1	3,5	2	9	4
Welt + Schwellenländer	95	96	–16	2,7	4,8	3,4	1,9	8,6	3
Risikoprofil: Ausgewogen. 50 Prozent Renditebaustein.									
Welt	98	99	–24	5	6,3	6,5	6	13,8	6
Ganze Welt (inkl. Schwellenländer)	95	96	–25	4,8	6,1	6,1	5,3	12,8	6
Welt + Schwellenländer	94	93	–24	4,7	6,1	5,8	4,9	12,1	8
Risikoprofil: Offensiv. 75 Prozent Renditebaustein.									
Welt	97	100	–39	6,7	7,4	9,4	9,8	18,1	5
Ganze Welt (inkl. Schwellenländer)	95	96	–39	6,7	7	8,7	8,8	16,7	5
Welt + Schwellenländer	93	93	–39	5,3	6,8	8,4	8	15,6	6
Risikoprofil: Rendite. 100 Prozent Renditebaustein.									
Welt	97	98	–56	13,4	7,8	11,8	12,8	22,5	0
Ganze Welt (inkl. Schwellenländer)	95	94	–54	13,2	7,3	11	11,5	20,5	0
Welt + Schwellenländer	94	92	–53	6,7	7,4	10,7	11	19,1	2

Gruppierung nach Risikoprofil. Reihenfolge innerhalb eines Risikoprofils nach Chance-Risiko-Zahl über 10 Jahre und 5 Jahre. Simulierte Einmalanlage über 30 Jahre. Sicherheitsbaustein: Euro-Anleihen-ETF. Renditebaustein: MSCI-World-ETF plus MSCI-EM-ETF oder MSCI-ACWI-ETF. 1) Bezieht sich auf 30-Jahreszeitraum. Quelle: Refinitiv, eigene Simulationen Stand: 29. Februar 2024.

Die Schwellenländer-Pantoffel

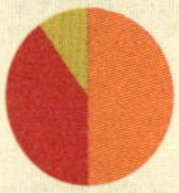

Ausgewogener Schwellenländer-Pantoffel
Stabilitätsbaustein: 50 Prozent Euro-Anleihen-ETF
Renditebaustein: 40 Prozent MSCI-World-ETF
10 Prozent MSCI-Emerging-Market-ETF

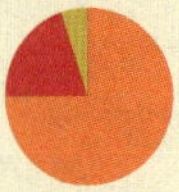

Defensiver Schwellenländer-Pantoffel
Stabilitätsbaustein: 75 Prozent Euro-Anleihen-ETF
Renditebaustein: 20 Prozent MSCI-World-ETF
5 Prozent MSCI-Emerging-Market-ETF

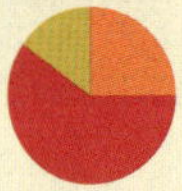

Offensiver Schwellenländer-Pantoffel
Stabilitätsbaustein: 25 Prozent Euro-Anleihen-ETF
Renditebaustein 60 Prozent MSCI-World-ETF
15 Prozent MSCI-Emerging-Market-ETF

Die Ganze-Welt-Pantoffel

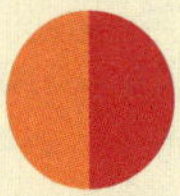

Ausgewogener Ganze-Welt-Pantoffel
Stabilitätsbaustein: 50 Prozent Euro-Anleihen-ETF
Renditebaustein: 50 Prozent MSCI-All-Country-World-ETF

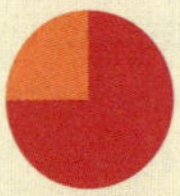

Defensiver Ganze-Welt-Pantoffel
Stabilitätsbaustein: 75 Prozent Euro-Anleihen-ETF
Renditebaustein: 25 Prozent MSCI-All-Country-World-ETF

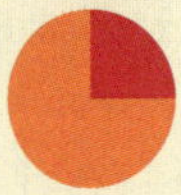

Offensiver Ganze-Welt-Pantoffel
Stabilitätsbaustein: 25 Prozent Euro-Anleihen-ETF
Renditebaustein: 75 Prozent MSCI-All-Country-World-ETF

triestaaten zählen. Andere Länder sind dafür in den Kreis der Emerging Markets nachgerückt und haben sich an die Fersen der Industrieländer geheftet.

Damit Pantoffel-Anlegende diese Dynamik in ihre Portfolios integrieren können, hat Finanztest spezielle Pantoffel-Portfolios konstruiert, die auch ETF auf Basis von Schwellenländer-Aktien enthalten, und sie anfangs „Tiger-Pantoffel" genannt. Seit 2024 heißen sie aber anders: Unterteilt werden sie in den Schwellenländer-Pantoffel (ehemals: Großer Tiger-Pantoffel), den wir Ihnen im Folgenden vorstellen, und den Ganze-Welt-Pantoffel (bislang: Kleiner Tiger-Pantoffel), über den wir Sie im Kasten „Schneller zum Ziel" auf Seite 62 informieren.

Beim Schwellenländer-Pantoffel wird der Aktienanteil auf zwei ETF verteilt: 80 Prozent werden in einen ETF auf den MSCI World investiert, und 20 Prozent in einen ETF auf den breit gestreuten Schwellenländer-Index MSCI Emerging Markets. Beide Pantoffel mit Schwellenländeranteil sind schlechter gelaufen als der Welt-Pantoffel (siehe Tabelle auf Seite 59).

Die Länder im MSCI Emerging Markets (EM)

Im MSCI Emerging Markets sind 26 Länder enthalten. Der Schwerpunkt liegt mit über 75 Prozent eindeutig in Asien, während etwa Südamerika und Afrika nur ein sehr geringes Gewicht haben.

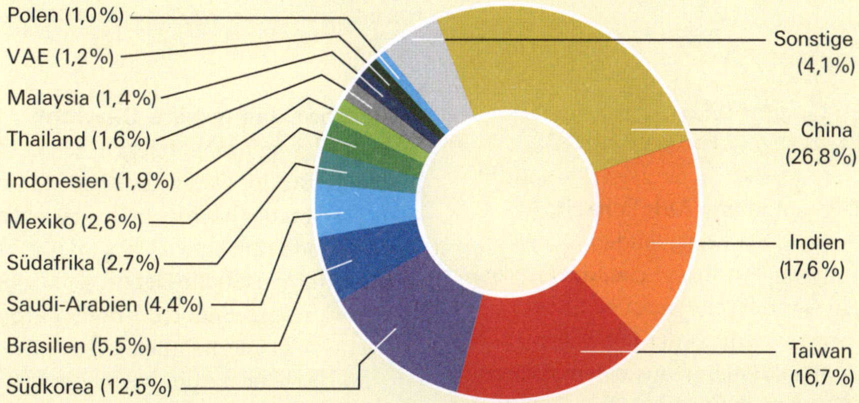

Quelle: Rimes Stand: 29. Februar 2024

Der MSCI Emerging Markets Index bildet die Entwicklung der wichtigsten Aktien der Schwellenländer nach. Er enthält über 1400 Aktien großer und mittelgroßer Unternehmen aus 24 Staaten (Stand: Dezember 2023). Der Finanzdienstleister Morgan Stanley Capital International berechnet den seit 2001 veröffentlichten Index mit dem Startjahr 1988 mit zehn Ländern, ab 1994 kommt Indien hinzu, das Land mit der damals zweitgrößten Bevölkerung, 1996 der damals bevölkerungsreichste Staat China. Indien hat China 2023 an Einwohnern überholt.

Wie für den Industriestaaten-Index MSCI World müssen sich Staaten auch für die Aufnahme in den MSCI Emerging Markets qualifizieren. Dafür müssen sie mehrere Kriterien in puncto wirtschaftlicher Entwicklung, Größe und Liquidität des Aktienmarkts und Zugangsmöglichkeiten für internationale Anlegerinnen und Anleger erfüllen.

Zuwachs bekommt der MSCI Emerging Markets Index regelmäßig vor allem aus dem MSCI Frontier Markets Index, in dem Staaten wie Kroatien, Vietnam und Nigeria enthalten sind, die in der Wirtschafts- und Kapitalmarktentwicklung hinter den Schwellenländern liegen und erst nach und nach die Aufnahmekriterien erfüllen.

→ China dominiert

Das größte Gewicht im MSCI Emerging Markets hat mit weitem Abstand China. Ende Februar 2024 betrug sein Indexanteil fast 27 Prozent. Dahinter rangieren Indien mit fast 17,6, Taiwan mit 16,7 und Südkorea mit 12,5 Prozent. Das bedeutendste nicht-asiatische Index-Mitgliedsland ist Brasilien mit 5,5 Prozent Anteil. Dass der Schwerpunkt des MSCI Emerging Markets eindeutig in Asien liegt, ist der Größe der dortigen Aktienmärkte und ihrer dynamischen Entwicklung der letzten Jahrzehnte zuzuschreiben. Trotz der stark gestie-

Schneller zum Ziel

Die einfachste Möglichkeit, Aktien von Schwellenländern in das Pantoffel-Portfolio zu integrieren, ist der Ganze-Welt-Pantoffel. Er besteht, anders als der Schwellenländer-Pantoffel, nur aus einem Aktien-ETF, etwa auf den MSCI All Country World Index (MSCI ACWI) mit rund 3 000 Aktien aus 49 Ländern. Er ersetzt den MSCI World Index. Beim Stabilitätsanker bleibt alles wie gehabt, er besteht aus einem Euro-Rentenfonds oder Tagesgeld beziehungsweise Festgeld. Der Anteil der Schwellenländer-Aktien am Renditebaustein ist mit rund 10 Prozent lediglich gut halb so hoch wie beim Schwellenländer-Pantoffel. Bei den Rendite- und Risiko-Kennziffern schnitt der MSCI ACWI allerdings durchgängig schlechter ab als der MSCI World.

genen Bedeutung der Schwellenländer für die Weltwirtschaft betrug allerdings der Börsenwert des MSCI Emerging Markets mit 6,4 Billionen Euro Ende 2023 lediglich etwas weniger als 12 Prozent des Börsenwerts des MSCI World, der auf 54,5 Billionen Euro kam.

Asien hat das größte Gewicht

Die Bedeutung Asiens spiegelt sich auch in der Rangliste der Aktien, die im MSCI Emerging Markets das höchste Indexgewicht aufweisen und seine Entwicklung maßgeblich mitbestimmen (Stand: Dezember 2023):

1. Taiwan Semiconductors mit 6,7 Prozent. Das Unternehmen ist der drittgrößte Halbleiterproduzent der Welt.
2. Samsung Electronics mit 4,1 Prozent Anteil. Das südkoreanische Unternehmen hat sich als einer der weltgrößten Elektronikhersteller etabliert.
3. Tencent mit 3,6 Prozent. Der Konzern aus China gilt als größtes soziales Netzwerk und Internetportal Asiens.
4. Alibaba mit 2,2 Prozent Anteil. Das Unternehmen ist der mit Abstand größte Online-Händler Chinas.

Die vier Aktien mit dem größten Indexanteil machen also rund ein Sechstel des gesamten Börsenwerts des MSCI Emerging Markets aus. Und alle vier sind Anteilsscheine von in ihrem Bereich führenden Hightech-Unternehmen. In der Branchenaufteilung nehmen IT und Kommunikation den zweiten und vierten Rang ein, ganz vorne liegt der Finanzsektor.

Vorteile der Emerging Markets

Die starke Abhängigkeit von den Rohstoffmärkten, die lange Zeit die Entwicklung der Schwellenländer geprägt hatte, ist einer deutlich breiteren und zukunftsträchtige-

Starke Unterschiede zwischen Schwellen- und Industrieländern

Erhebliche Unterschiede prägen die Renditeentwicklung von MSCI World und MSCI Emerging Markets. Der MSCI World hatte in der Mehrzahl der Jahre die Nase vorn; aber die ganz großen Jahresgewinne verbuchte der MSCI Emerging Markets – vor allem in den Jahren 1993 mit über 87 Prozent gegenüber 32 Prozent, 1999 mit 95 Prozent gegenüber 47 Prozent und 2009 mit 74 Prozent gegenüber 27 Prozent.

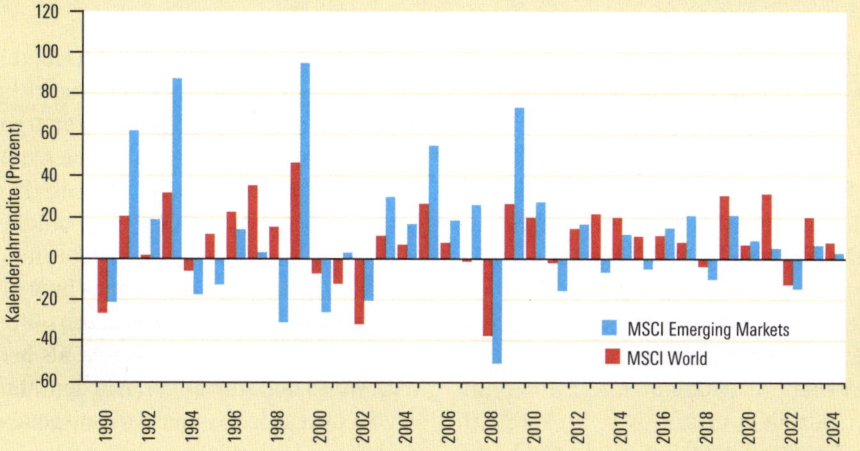

Quelle: Refinitiv, eigene Berechnungen Stand: 15.03.2024

ren Branchenstruktur gewichen – mit dem stärksten Wachstum im Hightech-Bereich und bei Dienstleistungen.

Das sind zunächst gute Voraussetzungen dafür, dass die Volkswirtschaften der Schwellenländer auch künftig ein hohes Wachstumstempo aufweisen werden – und damit hoffentlich auch die Aktienmärkte.

Ein weiterer Grund, den MSCI Emerging Markets beizumischen, liegt darin, dass dieser sich nicht im Gleichschritt mit dem MSCI World, dem Aktienindex entwickelter Märkte, bewegt. Fachleute sagen dazu: „Die beiden Indizes sind schwach korreliert."

Das ist positiv, weil die Beimischung einer Aktiengruppe aus den Emerging Markets, die nicht stark mit dem MSCI World korreliert, das Risiko des Gesamtportfolios unter dem Strich verringert. Allerdings schwankt der MSCI Emerging Markets für sich allein betrachtet mehr als der MSCI World, ist also risikobehafteter.

Corona hat die Emerging Markets stark in Mitleidenschaft gezogen: Während der MSCI World 2021 um 31,1 Prozent zulegte, stieg der MSCI Emerging Markets nur um 4,9 Prozent an. Das ist atypisch. Denn eine Wiederbelebung der Weltwirtschaft begünstigt normalerweise die Emerging Markets überdurchschnittlich.

Das zeigte sich besonders eindrucksvoll 2009, als die Weltbörsen nach der Finanzkrise 2008/2009 ihre Kurserholung starteten. Der MSCI EM legte um rund 73 Prozent zu – fast dreimal so stark wie der MSCI World, der immerhin fast 27 Prozent Gewinn verbuchte. Nach Corona hat sich diese Entwicklung allerdings nicht wiederholt.

Schwellenländer-Aktien sind nicht nur wegen ihrer Konjunkturabhängigkeit, sondern auch aufgrund politischer Einflüsse riskanter als Aktien aus den Industriestaaten. Politische Entscheidungen beeinflussen in manchen Ländern die Entwicklung der Unternehmen besonders stark. Derartige politische Entscheidungen können die wirtschaftlichen Aussichten schlagartig verändern, negativ wie positiv.

Die breite Streuung über 24 Länder hinweg reduziert zwar das Risiko im Vergleich zu den Aktienmärkten der einzelnen Länder, dennoch ist die politische Unsicherheit ein Faktor, den insbesondere vorsichtige Anleger nicht aus den Augen verlieren sollten. Allerdings gilt auch, dass an den Aktienmärkten ein kurzfristig höheres Risiko langfristig belohnt wird – mit höheren Renditen.

Die Grafik auf Seite 63 zeigt, dass die Jahresperformance, also die Kursgewinne plus wiederangelegte Dividenden, zum einen beim MSCI EM stärker schwankt als beim MSCI World und zum anderen in den Jahren ab 2011 überwiegend niedriger ausgefallen ist als beim Index der Industriestaaten.

Europa-Pantoffel: Aktien aus dem Alten Kontinent

Mit einem ETF auf einen breit gestreuten europäischen Aktienindex können Sie Europa gegenüber den USA mehr Gewicht verschaffen oder ganz auf den „Alten Kontinent" setzen.

Europa stellt zwar mit 15 Staaten die meisten der 23 Länder des MSCI World Index – aber das Börsengewicht seiner Aktien beträgt in besagtem globalen Börsenbarometer gerade einmal rund 19 Prozent. Anleger, denen das im Vergleich zu Nordamerika (USA plus Kanada) mit mehr als 70 Prozent Indexgewicht zu niedrig vorkommt, können den Anteil ihres Heimatkontinents am Pantoffel-Portfolio erhöhen und statt eines Welt- ein Europa-Pantoffel-Portfolio konstruieren. Dafür gibt es zwei Möglichkeiten:

1 In der ersten Variante, dem Welt-plus-Europa-Pantoffel, wird der Anteil des MSCI-World-ETF am gesamten Pantoffel-Portfolio um ein Fünftel reduziert. An dessen Stelle wird zusätzlich ein ETF

Pantoffel-Portfolios mit Europa-Akzent über 30 Jahre

Pantoffel-Portfolio	Chance-Risiko-Zahl (Prozent)		Risiko [1)]		Rendite über ... Jahre (Prozent pro Jahr)				Aufwand (Anzahl Rebalancing) [1)]
	10 Jahre	5 Jahre	Max. Verlust (Prozent)	Längste Verlustphase (Jahre)	30	10	5	1	
Risikoprofil: Defensiv. 25 Prozent Renditebaustein.									
Welt	99	101	–16	2,4	5,2	3,7	2,3	9,4	4
Welt + Europa	96	99	–16	2,5	5,1	3,5	2,1	8,8	4
Nur Europa	83	91	–17	2,2	4,9	2,2	1,3	6,4	4
Risikoprofil: Ausgewogen. 50 Prozent Renditebaustein.									
Welt	98	99	–24	5	6,3	6,5	6	13,8	6
Welt + Europa	94	97	–24	4,8	6,3	6	5,5	12,6	6
Nur Europa	77	86	–28	4,7	5,8	3,8	3,8	7,8	6
Risikoprofil: Offensiv. 75 Prozent Renditebaustein.									
Welt	97	100	–39	6,7	7,4	9,4	9,8	18,1	5
Welt + Europa	93	97	–39	6,3	7,2	8,6	9,2	16,3	5
Nur Europa	75	83	–43	6,2	6,4	5,4	6,3	9,1	3
Risikoprofil: Rendite. 100 Prozent Renditebaustein.									
Welt	97	98	–56	13,4	7,8	11,8	12,8	22,5	0
Welt + Europa	94	95	–54	13,1	7,6	10,9	12	20,1	0
Nur Europa	74	81	–54	6,7	6,9	6,6	8,5	10,5	0

Gruppierung nach Risikoprofil. Reihenfolge innerhalb eines Risikoprofils nach Chance-Risiko-Zahl über 10 Jahre und 5 Jahre. Simulierte Einmalanlage über 30 Jahre. Sicherheitsbaustein: Euro-Anleihen-ETF. Renditebaustein: MSCI-World-ETF plus MSCI-Europe-ETF oder nur MSCI-Europe-ETF. 1) Bezieht sich auf 30-Jahreszeitraum. Quelle: Refinitiv, eigene Simulationen Stand: 29. Februar 2024.

Die Europa-Pantoffel

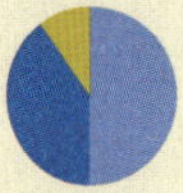

Ausgewogener Europa-Pantoffel
Stabilitätsbaustein: 50 Prozent Euro-Anleihen-ETF
Renditebaustein: 40 Prozent MSCI-World-ETF
10 Prozent MSCI-Europe-ETF

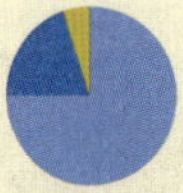

Defensiver Europa-Pantoffel
Stabilitätsbaustein: 75 Prozent Euro-Anleihen-ETF
Renditebaustein: 20 Prozent MSCI-World-ETF
5 Prozent MSCI-Europe-ETF

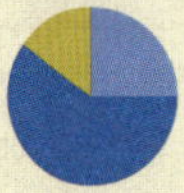

Offensiver Europa-Pantoffel
Stabilitätsbaustein: 25 Prozent Euro-Anleihen-ETF
Renditebaustein: 60 Prozent MSCI-World-ETF
15 Prozent MSCI-Europe-ETF

Die Nur-Europa-Pantoffel

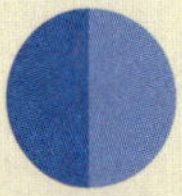

Ausgewogener Europa-Pantoffel
Stabilitätsbaustein: 50 Prozent Euro-Anleihen-ETF
Renditebaustein: 50 Prozent MSCI-Europe-ETF

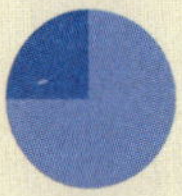

Defensiver Europa-Pantoffel
Stabilitätsbaustein: 75 Prozent Euro-Anleihen-ETF
Renditebaustein: 25 Prozent MSCI-Europe-ETF

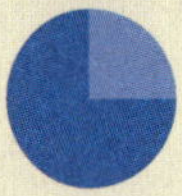

Offensiver Europa-Pantoffel
Stabilitätsbaustein: 25 Prozent Euro-Anleihen-ETF
Renditebaustein: 75 Prozent MSCI-Europe-ETF

auf einen breiten gesamteuropäischen Aktienindex aufgenommen. Die betreffenden ETF bilden alternativ den MSCI Europe Index oder den Stoxx Europe 600 Index nach.

2 In der zweiten Variante, dem Nur-Europa-Pantoffel, die wir wegen der geringeren Streuung im Vergleich zum MSCI World nicht unbedingt empfehlen, wird der ETF auf den MSCI World komplett durch einen der genannten Europa-Index-ETF ersetzt.

Die Portfolio-Aufteilung im Welt-plus-Europa-Pantoffel sehen Sie in der Grafik „Die Europa-Pantoffel“ auf dieser Seite. Beim Welt-plus-Europa-Pantoffel sollten Sie, wie übrigens bei allen Pantoffeln mit drei Bausteinen, aus Kostengründen mit einer höheren Anlagesumme planen als bei Varianten mit zwei Bausteinen.

Für den ausgewogenen Pantoffel brauchen Sie für die Einmalanlage mindestens 20 000 Euro. Sonst steigt die Kostenbelastung zu stark, da das Umschichten kleiner Beträge wegen der Mindestentgelte pro Or-

Die Länder im MSCI Europe

Im Ländermix des MSCI Europe haben Großbritannien, Frankreich und die Schweiz das größte Gewicht. Deutschland kommt mit 13,3 Prozent erst auf Platz 4. Sonstige: Finnland, Belgien, Norwegen , Irland, Portugal, Österreich.

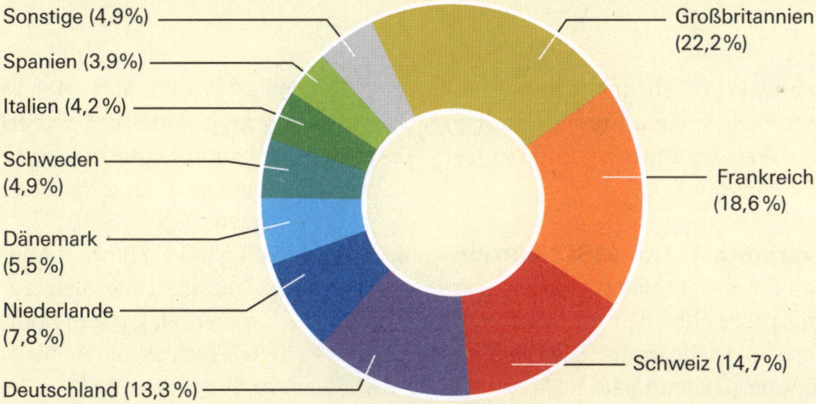

Quelle: Rimes Stand: 29. Februar 2024

der je nach Bank teuer kommen kann. Die Grenzen für die Pantoffel-Varianten können Sie der Spalte für „1 Beimischung“ der Tabelle auf Seite 45 entnehmen.

Lösungen für defensive Pantoffel

Der defensive Welt-plus-Europa-Pantoffel ist nach unserer Einschätzung bei Vermögen ab 40 000 Euro kostengünstig umsetzbar. Ein Fünf-Prozent-Anteil für den Europa-ETF ist bei kleineren Anlagebeträgen in der Regel zu gering, um akzeptable Ordergrößen zu erreichen. Das ist allenfalls machbar, wenn das Depot bei einem Neobroker besteht. Dann können die Entgelte sehr niedrig sein oder sogar bei null liegen.

Auch Sparplaninvestoren bräuchten eine hohe monatliche Gesamtrate von mindestens 500 Euro, um einen defensiven Welt-plus-Europa-Pantoffel umzusetzen, denn die Mindestraten betragen bei guten Online-Anbietern meist 25 Euro pro Monat. Mit einem Trick lässt sich das Ganze jedoch auch mit kleineren Beträgen bewerkstelligen: indem man nur alle paar Monate eine Rate in den kleinsten Baustein lenkt. Dazu legt man einen Sparplan an und spart so zum Beispiel monatlich 25 Euro in den Europa-ETF. Den Rhythmus können Anlegende, die die Gesamtrate von 500 Euro nicht stemmen können, beispielsweise auch auf vierteljährliche Zahlungen reduzieren. Dann wäre nur noch eine Gesamtrate von 167 Euro nötig.

Das hat trotzdem zwei Nachteile: Die Kostenbelastung beträgt bei 500 Euro Sparrate auch dann mehr als drei Prozent, wenn Sie nur einmal im Jahr für 300 Euro den Europa-ETF kaufen und das Entgelt dafür 10 Euro beträgt. Zweitens profitieren Sie dann nicht mehr so stark vom Durchschnittskosteneffekt. Dieser stellt sich eher ein, wenn Sie monatlich statt vierteljährlich kaufen. Durch die Schwankungen ist der durchschnittliche Einstandspreis dann günstiger, weil Sie mehr Anteile erwerben, wenn der Preis niedriger ist, und weniger, wenn der Preis höher ist.

Indexvariante 1: Der MSCI Europe

Der MSCI Europe enthält 425 Aktien der 15 Industrieländer, die auch im MSCI World vertreten sind (siehe Grafik „Die Länder im MSCI Europe"). Osteuropäische Schwellenländer wie Polen und Tschechien sind damit also ebenso wenig vertreten wie Rumänien, Kroatien oder Slowenien.

Das größte Gewicht im MSCI Europe unter den 425 Einzelpositionen weisen britische Unternehmen auf, gefolgt von Frankreich, der Schweiz und Deutschland. Die Aktien dieser vier Länder machten Ende 2023 rund 70 Prozent des Börsenwerts des MSCI Europe von gut 10,6 Billionen Euro aus.

Bei der Branchengewichtung haben Finanzen, Industriegüter, Gesundheit und Basiskonsumgüter die Nase vorn. Hightech-Unternehmen, also Firmen der Informations- und Kommunikationstechnologie, sind relativ schwach vertreten, mit zusammen nur gut 10 Prozent.

Und das sind die Schwergewichte im MSCI Europe (Stand Ende 2023):

1 Novo Nordisk mit 3,2 Prozent Anteil. Novo Nordisk A/S produziert und vermarktet pharmazeutische Produkte und Dienstleistungen. Das Unternehmen ist in der Diabetes-Therapie weltweit führend.

2 Nestlé mit 2,9 Prozent Anteil. Der weltgrößte Nahrungsmittelkonzern verfügt neben der Stamm-Marke Nestlé über zahlreiche andere international bekannte Marken.

3 ASML-Holding mit 2,9 Prozent Anteil. Das niederländische Unternehmen zählt zu den weltweit größten Anbietern von High-Tech-Systemen für die Halbleiterindustrie.

4 LVMH Moët Hennessy – Louis Vuitton SE mit 2,1 Prozent Gewicht ist der weltweite Branchenführer der Luxusgüterindustrie, der Rechte an 75 verschiedenen Marken hält.

5 Shell mit 2,1 Prozent Anteil. Shell ist eines der weltweit größten Mineralöl- und Erdgasunternehmen. Der Konzern ist in mehr als 70 Ländern aktiv und beschäftigt weltweit mehr als 91000 Mitarbeiter .

6 AstraZeneca mit 2,0 Prozent Anteil. Zu den Therapiebereichen des Arzneimittelherstellers gehören Herz- Kreislauf- und Atemwegserkrankungen, Krebsforschung sowie Infektionen und Impfstoffe, zum Beispiel gegen Corona.

Indexvariante 2: Stoxx 600 Europe

Der Stoxx 600 Europe enthält mit 600 Aktien deutlich mehr Titel als der MSCI Europe mit 425 Titeln. Auch die Anzahl der vertretenen Staaten ist mit 17 etwas größer als beim MSCI Europe mit 15 Ländern. Die Länderaufteilung ähnelt der des MSCI Europe. Die Ak-

Die Branchen in den MSCI-Indizes

Im MSCI Europe ist vor allem die Informationstechnologie viel schwächer vertreten als in den anderen MSCI-Indizes, die stärksten Branchen in Europa sind Finanzen, Industrie und Gesundheit.

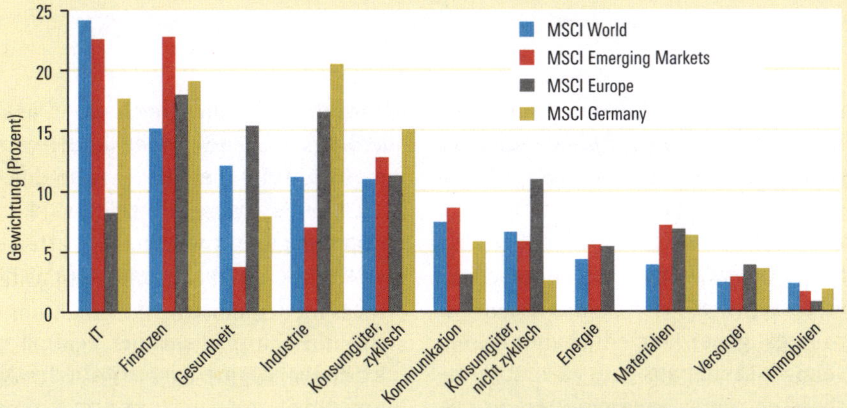

Quelle: Refinitiv, eigene Berechnungen Stand: 29.02.2024

tien mit der höchsten Gewichtung im Index sind dieselben wie beim MSCI Europe: Das ist nicht so verwunderlich, weil beide Indizes die Anteile auf die gleiche Weise, nämlich nach dem Börsenwert (Marktkapitalisierung) berechnen.

Nur-Europa-Pantoffel

Eine zweite Variante, Europas Anteil am Pantoffel zu erhöhen, besteht darin, den MSCI World komplett durch einen der beiden vorgestellten breiten europäischen Indizes zu ersetzen. Mit diesem Nur-Europa-Pantoffel entsteht wieder ein einfaches Portfolio, das aus jeweils einem Rendite- und einem Sicherheitsbaustein besteht. Das Ergebnis sehen Sie in der Grafik auf Seite 66.

Der Nachteil: Die Streuung der Geldanlage fällt geringer aus als beim Kleinen Europa-Pantoffel, der auch einen ETF auf den Weltaktienmarkt als Renditebaustein enthält. Es fehlen sowohl die US-Aktien der Weltleitbörse New York als auch kanadische Aktien sowie diejenigen der asiatischen und australischen Industriestaaten.

Nicht zuletzt verzichten Anleger bei dieser einfachen Lösung auf zahlreiche Aktien der führenden Unternehmen aus den wachstums- und innovationsstarken Hightech-Bereichen, die ihren Sitz zu einem großen Teil außerhalb Europas haben. Aus diesem Grund hat Finanztest Bedenken gegen diese rein europäische Lösung.

Deutlicher Rendite-Rückstand

Die Wertentwicklung des Nur-Europa-Pantoffels ist, wie in den Tabellen zum Welt- und zu den Europa-Pantoffeln zu sehen ist, in der Vergangenheit durchgängig schlechter ausgefallen als die des klassischen Welt-Pantoffels (siehe „Rendite und Risiko aller ausgewogenen Pantoffel“, Seite 56, sowie „Europa-Pantoffel im Vergleich“, Seite 65).

Im 30-Jahres-Zeitraum beträgt der Abstand je nach Variante bis zu einem Prozentpunkt. Bei kürzeren Laufzeiten öffnet sich die Renditeschere: In den zehn Jahren bis Ende Februar 2024 lag die Rendite des ausgewogenen Welt-Pantoffels beispielsweise bei 6,3 Prozent, die des Nur-Europa-Pantoffels lediglich bei 3,8 Prozent. Das sind zweieinhalb Prozentpunkte Unterschied. Kaum besser ist es bei fünf Jahren Laufzeit.

Im vergangenen Jahrzehnt haben die Aktien einiger Länder aus dem Euroraum wesentlich schlechter abgeschnitten als US-amerikanische oder auch deutsche. Das gilt als eine der Folgen der Euro-Krise ab 2010, in der das Wachstumstempo in weiten Teilen des Euroraums zeitweise deutlich hinter dem anderer Regionen her hinkte. Das kann allerdings in Zukunft wieder anders verlaufen. Auch wenn die Wirtschaft in den vergangenen zehn Jahren nach der Eurokrise in Europa insgesamt weniger florierte als in den Vereinigten Staaten, muss das nicht für alle Zeiten so bleiben.

Für die Europa-Pantoffel, egal ob groß oder klein, kommen die ETF auf den MSCI Europe sowie auf den Stoxx 600 Europe infrage, die bei Finanztest als 1. Wahl bewertet werden. Sie finden sie immer aktuell über den Finanztest-Fondsfinder unter test.de/fonds (mit Flatrate kostenfrei).

Deutschland-Pantoffel: Home, Sweet Home

Bei deutschen ETF-Anlegern ist kein anderer Index so beliebt wie der Dax. Er lässt sich ebenso wie der weniger bekannte FAZ-Index einfach mit dem MSCI World kombinieren.

Der niedrige Deutschlandanteil in den vorgestellten breiten Welt und Europa-Indizes entspricht bei Weitem nicht der wirtschaftlichen Bedeutung des bevölkerungsreichsten EU-Mitglieds. Das Missverhältnis liegt an der einzigartigen Struktur der deutschen Wirtschaft. Hierzulande gibt es viele mittelständische Familienunternehmen, die nicht an der Börse notiert sind, aber erheblich zur Wirtschaftsleistung beitragen. Und einige sehr große Unternehmen gehören Stiftungen, so etwa Bosch und Bertelsmann. Andere sind in Staatsbesitz, so etwa die Deutsche Bahn. Auch sie zählen nicht mit, wenn die Gewichte für Indizes berechnet werden.

Die Deutschland-Pantoffel

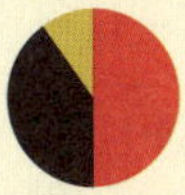

Ausgewogener Deutschland-Pantoffel
Stabilitätsbaustein: 50 Prozent Euro-Anleihen-ETF
Renditebaustein: 40 Prozent MSCI-World-ETF
10 Prozent Dax-ETF

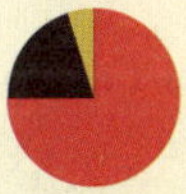

Defensiver Deutschland-Pantoffel
Stabilitätsbaustein: 75 Prozent Euro-Anleihen-ETF
Renditebaustein: 20 Prozent MSCI-World-ETF
5 Prozent Dax-ETF

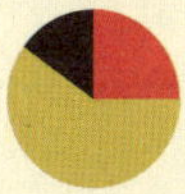

Offensiver Deutschland-Pantoffel
Stabilitätsbaustein: 25 Prozent Euro-Anleihen-ETF
Renditebaustein: 60 Prozent MSCI-World-ETF
15 Prozent Dax-ETF

Im Deutschland-Pantoffel-Portfolio, das zusätzlich zum MSCI World den Dax oder den FAZ-Index enthält, sind zumindest die Aktien bedeutender Unternehmen wie Allianz, Deutsche Telekom, Siemens, SAP oder Volkswagen deutlich stärker gewichtet als in den Welt- und Europa-Pantoffel-Portfolios. Den deutschen Mittelstand können Sie mit einem Deutschland-ETF hingegen nicht in Ihr Pantoffel-Portfolio holen, da die Firmen gar nicht an der Börse notiert sind.

Der Dax als deutscher Leitindex vereinigt die 40 wichtigsten Aktien. Drei Wirtschaftssektoren sind mit Anteilen von mehr als 10 Prozent vertreten und bestimmen damit in erheblichem Umfang die Dax-Entwicklung: Industriekonzerne, Versicherungen und die Automobilhersteller.

Traditionelle Branchen überwiegen

Diese Zusammensetzung zeigt das größte Manko des Deutschen Aktienindex auf: Die Mehrzahl der Branchen und Unternehmen sind in Bereichen zu Hause, die als „Old Economy" bezeichnet werden. Die „New Economy", die vorwiegend wachstumsstarke Technologie- und Internetunternehmen umfasst, ist im Dax dagegen viel weniger vertreten. Lediglich SAP, Deutsche Telekom und Infineon, Hellofresh und Zalando zählten im Dezember 2023 dazu.

Der hohe Anteil traditioneller Branchen hat noch einen anderen Nachteil: Da diese in der Regel besonders zyklisch sind, also stark konjunkturabhängig, schwanken ihre Gewinne heftiger als im Wirtschaftsdurchschnitt. Im Konjunkturaufschwung klettern

Pantoffel-Portfolios mit Deutschland-Akzent

Pantoffel-Portfolio	Chance-Risiko-Zahl (Prozent)		Risiko [1)]		Rendite über ... Jahre (Prozent pro Jahr)				Aufwand (Anzahl Rebalancing) [1)]
	10 Jahre	5 Jahre	Max. Verlust (Prozent)	Längste Verlustphase (Jahre)	30	10	5	1	
Risikoprofil: Defensiv. 25 Prozent Renditebaustein.									
Welt	99	101	–16	2,4	5,2	3,7	2,3	9,4	4
Welt + Dax	95	99	–16	2,6	5,1	3,4	2,1	9	4
Risikoprofil: Ausgewogen. 50 Prozent Renditebaustein.									
Welt	98	99	–24	5	6,3	6,5	6	13,8	6
Welt + Dax	92	96	–25	4,8	6,3	5,9	5,5	13	7
Risikoprofil: Offensiv. 75 Prozent Renditebaustein.									
Welt	97	100	–39	6,7	7,4	9,4	9,8	18,1	5
Welt + Dax	92	95	–41	6,6	7,2	8,5	9	16,9	5
Risikoprofil: Rendite. 100 Prozent Renditebaustein.									
Welt	97	98	–56	13,4	7,8	11,8	12,8	22,5	0
Welt + Dax	92	93	–57	13,1	7,6	10,8	12	20,9	0

Gruppierung nach Risikoprofil. Reihenfolge innerhalb eines Risikoprofils nach Chance-Risiko-Zahl über 10 Jahre und 5 Jahre. Simulierte Einmalanlage über 30 Jahre. Sicherheitsbaustein: Euro-Anleihen-ETF. Renditebaustein: MSCI-World-ETF plus Dax-ETF.
1) Bezieht sich auf 30-Jahreszeitraum. Quelle: Refinitiv, eigene Simulationen Stand: 29. Februar 2024.

sie oft überdurchschnittlich, in Phasen eines Abschwungs oder einer Rezession fallen sie dagegen meist besonders stark. Und das spiegelt sich in einer hohen Schwankungsbreite ihrer Aktienkurse wider.

Hohe Dividendenrendite

Aber es gibt auch Vorteile dieser Branchenmischung. Ein besonders wichtiges Plus liegt darin, dass Dax-Aktien häufig eine überdurchschnittlich hohe Dividendenrendite aufweisen – in Zeiten von Mini- und Negativzinsen für manche Anleger ein Plus. Die Dax-Schwergewichte können zudem mit einem diversifizierten, bewährten und robusten Geschäftsmodell aufwarten. Sie sind dadurch weniger anfällig gegen technologische Umbrüche.

Unterm Strich schnitt der Deutschland-Pantoffel dennoch meist geringfügig schlechter ab als der Welt-Pantoffel. ETF auf den Dax und den FAZ-Index, die für den Deutschland-Pantoffel infrage kommen, finden Sie unter test.de/fonds, eine Auswahl zeigt die Tabelle „Beimischungen“ auf Seite 152.

Nebenwerte-Pantoffel: Klein, aber fein

Die Aktien von kleineren Unternehmen haben den Ruf, die Mischung und Rendite eines Pantoffel-Portfolios zu verbessern. Das stimmt bestenfalls zur Hälfte.

Kleine Aktienwerte bieten hohe Renditechancen, sind aber auch sehr schwankungsanfällig. Mit Small-Cap-ETF können sich Anleger an ihnen beteiligen, ohne das Risiko zu übertreiben.

Der Clou der Beimischung liegt darin, dass es zwischen den klassischen Weltindizes und dem Small-Cap-Segment keine Überschneidungen gibt. Das macht die Indexfonds mit Aktienzwergen theoretisch zur perfekten Depotergänzung.

Die Ökonomen Eugene Fama und Kenneth French haben in den 1990ern nachgewiesen, dass Small Caps langfristig höhere Renditen als Large Caps erzielen („Fama-French-Effekt"). Auch aus heutiger Sicht brachten Small Caps langfristig aber meist keine bessere Wertentwicklung als der breite Aktienmarkt. So schneidet der Nebenwerte-Pantoffel gemäß der Tabelle auf Seite 74 in allen Mischungsverhältnissen und Zeiträumen bis auf eine Ausnahme schlechter ab als der Standard-Welt-Pantoffel.

Grundsätzlich verbessern Anlegende mit Small Caps qualitativ ihre Streuung, weil diese nicht im MSCI World enthalten sind. Und vor allem im MSCI World Small Cap Index sind die Anteile der einzelnen Positionen so gleichmäßig verteilt, dass keine einzige Aktie herausragt und selbst die Top-Positionen unter 0,2 Prozent bleiben. Das muss aber eben nicht zwangsläufig zu einer besseren Rendite führen.

Was ist drin im MSCI World Small Cap Index?

Der MSCI World Small Cap Index enthält rund 4200 kleinere Unternehmen aus 23 Industrieländern. Zu rund 60 Prozent kommen die Aktien aus den USA, Japan folgt mit 12 Prozent. Weitere Staaten mit einem nennenswerten Anteil sind Großbritannien mit circa fünf Prozent, Kanada mit rund vier Prozent und Australien mit drei Prozent. Deutschland rangiert unter „ferner liefen" mit 2,5 Prozent. Damit ist festzustellen: Die USA-Lastigkeit, die schon der MSCI World mit rund 70 Prozent amerikanischen Aktien aufweist, findet sich auch im MSCI World Small Caps wieder.

Die fünf größten Branchen im Index sind die Industrie mit 20 Prozent, das Finanzwe-

Pantoffel-Portfolios mit Kleine-Werte-Akzent

Pantoffel-Portfolio	Chance-Risiko-Zahl (Prozent) 10 Jahre	Chance-Risiko-Zahl (Prozent) 5 Jahre	Risiko [1] Max. Verlust (Prozent)	Risiko [1] Längste Verlustphase (Jahre)	Rendite über ... Jahre (Prozent pro Jahr) 30	10	5	1	Aufwand (Anzahl Rebalancing) [1]
Risikoprofil: Defensiv. 25 Prozent Renditebaustein.									
Welt	99	101	–16	2,4	5,2	3,7	2,3	9,4	4
Welt + Kleine Werte	96	97	–16	2,2	5,3	3,5	2	8,5	7
Risikoprofil: Ausgewogen. 50 Prozent Renditebaustein.									
Welt	98	99	–24	5	6,3	6,5	6	13,8	6
Welt + Kleine Werte	93	95	–24	4,8	6,2	6	5,2	11,9	7
Risikoprofil: Offensiv. 75 Prozent Renditebaustein.									
Welt	97	100	–39	6,7	7,4	9,4	9,8	18,1	5
Welt + Kleine Werte	93	93	–40	6,3	6,9	8,6	8,6	15,3	3
Risikoprofil: Rendite. 100 Prozent Renditebaustein.									
Welt	97	98	–56	13,4	7,8	11,8	12,8	22,5	0
Welt + Kleine Werte	93	92	–54	13	7,5	10,9	11,5	18,8	0

Gruppierung nach Risikoprofil. Reihenfolge innerhalb eines Risikoprofils nach Chance-Risiko-Zahl über 10 Jahre und 5 Jahre. Simulierte Einmalanlage über 30 Jahre. Sicherheitsbaustein: Euro-Anleihen-ETF. Renditebaustein: MSCI-World-ETF plus Dax-ETF.
1) Bezieht sich auf 30-Jahreszeitraum. Quelle: Refinitiv, eigene Simulationen Stand: 29. Februar 2024.

sen mit 15 Prozent, Konsumgüter mit 13 Prozent sowie Informationstechnologie mit 11 und das Gesundheitswesen mit neun Prozent. Zusammen machen diese Branchen rund 70 Prozent des Index aus.

Zum Vergleich: Der MSCI World hat dieselben Branchen in den Top Five, aber in anderer Reihenfolge – hier liegt die Informationstechnik vorn, auch wegen der Schwergewichte Apple und Microsoft.

Die folgenden drei Unternehmen hatten Ende Dezember 2023 das größte Gewicht im Index, wobei sich das oft ändert:

1 Flex ist ein global agierendes Unternehmen, das sich auf die Herstellung und Montage von elektronischen Produkten spezialisiert. Die Firma ist ein führender Anbieter von Auftragsfertigungen und bietet ein breites Spektrum an Dienstleistungen an.

Die Nebenwerte-Pantoffel

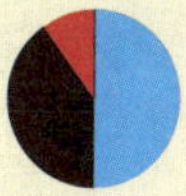

Ausgewogener Nebenwerte-Pantoffel
Stabilitätsbaustein: 50 Prozent Euro-Anleihen-ETF
Renditebaustein: 40 Prozent MSCI-World-ETF
10 Prozent MSCI-World-Small-Cap-ETF

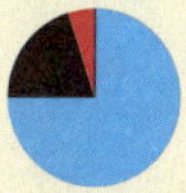

Defensiver Nebenwerte-Pantoffel
Stabilitätsbaustein: 75 Prozent Euro-Anleihen-ETF
Renditebaustein: 20 Prozent MSCI-World-ETF
5 Prozent MSCI-World-Small-Cap-ETF

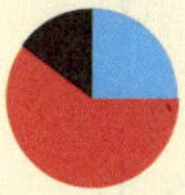

Offensiver Nebenwerte-Pantoffel
Stabilitätsbaustein: 25 Prozent Euro-Anleihen-ETF
Renditebaustein: 60 Prozent MSCI-World-ETF
15 Prozent MSCI-World-Small-Cap-ETF

2 Lincoln Electric Holdings ist ein international tätiges Unternehmen, das sich auf die Herstellung und Vermarktung von Schweißausrüstungen und -produkten spezialisiert hat. Das Unternehmen beschäftigt über 10 000 Mitarbeiter in Produktionsstätten sowie Vertriebsniederlassungen auf der ganzen Welt.

3 Williams-Sonoma ist ein weltweit agierendes Unternehmen, das sich auf die Herstellung und den Vertrieb von hochwertigen Küchen- und Wohnaccessoires, Möbeln und Kochutensilien spezialisiert hat. Das Unternehmen beschäftigt Tausende Mitarbeiter in verschiedenen Ländern.

Es hängt vom Indexumfeld ab, ob ein Börsenwert mittel oder klein genannt wird. Fast alle Unternehmen im deutschen MDax, dem Spezialindex für mittelgroße Aktiengesellschaften, sind im internationalen Maßstab nur Small Caps.

Der MDax als Index der mittelgroßen deutschen börsennotierten Unternehmen spiegelt die Entwicklung der 50 größten Werte wider, die hinsichtlich Marktkapitalisierung und Orderbuchumsatz auf die 40 Unternehmen des Dax folgen. Er enthält 50 Unternehmen aus den Branchen Chemie, Pharma, Bio- und Medizintechnik, Finanzen und Technologie.

Mittlere deutsche Unternehmen sind international betrachtet klein

Aufgrund ihrer Größe findet man also Unternehmen wie Carl Zeiss Meditec, die Commerzbank und den Lieferdienst Delivery Hero nicht im MSCI World, sondern im MSCI World Small Cap. Die Vor- und Nachteile eines Investments in mittelgroße deutsche Unternehmen entsprechen denen bei der Anlage in Small Caps nach der Abgrenzung von MSCI.

Mehr zum Investment in Nebenwerte erfahren sie ab Seite 135. Eine Auswahl an ETF auf den MSCI World Small Cap Index, die für den Nebenwerte-Pantoffel infrage kommen, finden Sie in der Tabelle „Beimischungen" auf Seite 149 im Anhang. Aktuelle Bewertungen sind unter test.de/fonds abzurufen.

Rohstoffe-Pantoffel: Öl, Metall, Schweinebauch

Rohstoffe lassen sich dem Pantoffel über ETF beimischen. Die Bilanz ist aber wie ein Schweinebauch – durchwachsen. Der Rohstoff-ETF glättet Schwankungen, kostet aber Rendite.

Dass Öl und Gas teurer geworden sind, haben die meisten am leeren Portemonnaie gemerkt. Auch der Goldpreis hat ordentlich zugelegt. Anlegerinnen und Anleger können – sofern sie das nicht verwerflich finden – die steigenden Preise für sich nutzen: mit Rohstoff-ETF zum Beispiel. Diese bilden die Preisentwicklung von Energie, Industrie- und Edelmetallen und wahlweise auch Agrarrohstoffen ab. Viele Anlegerinnen und Anleger lehnen es ab, in Letztere zu investieren, weil sie das für Nahrungsmittelspekulation halten.

Finanztest erreichen regelmäßig Fragen, welche Rohstoffinvestments wir empfehlen. Rohstoffe gehören zu den alternativen Anlageklassen und grenzen sich dadurch von den Klassikern „Aktien“, „Anleihen“ und „Immobilien“ ab. Sie entwickeln sich unabhängig und können ein breit aufgestelltes Depot mit Aktienfonds und Zinsanlagen ergänzen. Das gilt auch für das Pantoffel-Portfolio. Schon bei der Vorstellung dieses Anlagekonzepts im Jahr 2013 gab es den Rohstoffe-Pantoffel in der defensiven, ausgewogenen und offensiven Variante.

Für ausdrücklich empfehlenswert halten wir ihn allerdings nicht. Zuletzt fiel der Rohstoffe-Pantoffel hinter die anderen Pantoffel-Varianten zurück und begann erst jüngst mit einer Aufholjagd. Denn 2022 war ein sehr gutes Jahr für Rohstoff-ETF: Um 24 Prozent hat der Bloomberg Commodity Index im vorletzten Jahr zugelegt. 2023 gab er allerdings wieder 11,1 Prozent ab, während der MSCI World mit 19,6 Prozent kräftig zulegte.

Die wichtigsten Rohstoff-Indizes im Überblick

Der Bloomberg Commodity Index liegt den meisten Rohstoff-ETF zugrunde und enthält eine Mischung aus Öl und Gas, Getreide, Industriemetallen, Edelmetallen, Agrarrohstoffen und Vieh. Über drei Jahre gab es mit Rohstoffen mehr Rendite als mit globalen Aktienfonds. Über fünf Jahre liegen wieder die Aktien vorn (jeweils Stichtag 31. Dezember 2023). Die Bilanz ist also durchwachsen – wie ein Schweinebauch.

Neben dem Bloomberg Commodity Index gibt es noch drei andere bedeutende Rohstoff-Indizes:

Die Rohstoffe-Pantoffel

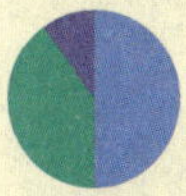

Ausgewogener Rohstoffe-Pantoffel
Stabilitätsbaustein: 50 Prozent Euro-Anleihen-ETF
Renditebaustein: 40 Prozent MSCI-World-ETF
10 Prozent ETF auf gemischten Rohstoff-Index

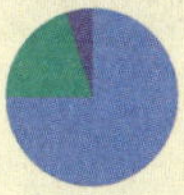

Defensiver Rohstoffe-Pantoffel
Stabilitätsbaustein: 75 Prozent Euro-Anleihen-ETF
Renditebaustein: 20 Prozent MSCI-World-ETF
5 Prozent ETF auf gemischten Rohstoff-Index

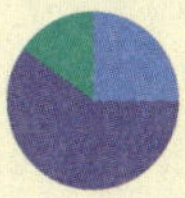

Offensiver Rohstoffe-Pantoffel
Stabilitätsbaustein: 25 Prozent Euro-Anleihen-ETF
Renditebaustein: 60 Prozent MSCI-World-ETF
15 Prozent ETF auf gemischten Rohstoff-Index

1 Goldman Sachs Commodity Index: Der S&P GSCI ist einer der ältesten und bekanntesten Rohstoffindizes. Er wurde ursprünglich von Goldman Sachs entwickelt und dient als Messlatte für Investitionen in den Rohstoffmärkten. Er umfasst 24 börsengehandelte Futures-Kontrakte auf physische Rohstoffe aus verschiedenen Sektoren wie Energie, Metalle, Agrarrohstoffe und Vieh.

2 Dow Jones-UBS Commodity Index: Der DJCI ist ein breiter Rohstoffindex, der die Performance des globalen Rohstoff-Futures-Marktes abbildet. Er betont Diversifikation und Liquidität durch einen einfachen, gleichgewichteten Ansatz. Der Index besteht aus Futures-Kontrakten auf physische Rohstoffe.

3 Rogers International Commodity Index: Der RICI wurde von Jim Rogers entwickelt und 1998 eingeführt. Er umfasst 38 verschiedene Rohstoffe, die an Warenterminbörsen gehandelt werden. Der Index enthält Agrarprodukte, Energieprodukte und Metalle. Der RICI ist ein Total-Return-Index mit dem US-Dollar als Basiswährung. Er dient als Indikator für Inflation und Kostenentwicklung in der Industrie.

Wer in Rohstoffe investieren will, fragt sich, ob ein Rohstoff-ETF sinnvoll ist. Die Analyse von Finanztest hat ergeben, dass die Vorteile einer Rohstoff-Beimischung aus Anlegendensicht über einen längeren Zeitraum eher überschaubar waren.

Pantoffel-Portfolios mit Rohstoff-Akzent

Pantoffel-Portfolio	Chance-Risiko-Zahl (Prozent)		Risiko [1)]		Rendite über ... Jahre (Prozent pro Jahr)				Aufwand (Anzahl Rebalancing) [1)]
	10 Jahre	5 Jahre	Max. Verlust (Prozent)	Längste Verlustphase (Jahre)	30	10	5	1	
Risikoprofil: Defensiv. 25 Prozent Renditebaustein.									
Welt	99	101	–16	2,4	5,2	3,7	2,3	9,4	4
Welt + Rohstoffe	98	102	–14	2,2	5,1	3,3	2,3	8,6	6
Risikoprofil: Ausgewogen. 50 Prozent Renditebaustein.									
Welt	98	99	–24	5	6,3	6,5	6	13,8	6
Welt + Rohstoffe	97	103	–21	4,3	6,2	5,7	5,9	12	9
Risikoprofil: Offensiv. 75 Prozent Renditebaustein.									
Welt	97	105	–33	5,3	7,1	8,2	9,6	15,5	8
Welt + Rohstoffe	97	100	–39	6,7	7,4	9,4	9,8	18,1	5
Risikoprofil: Rendite. 100 Prozent Renditebaustein.									
Welt	97	98	–56	13,4	7,8	11,8	12,8	22,5	0
Welt + Rohstoffe	96	103	–47	12,5	7,9	10,3	12,5	18,9	4

Gruppierung nach Risikoprofil. Reihenfolge innerhalb eines Risikoprofils nach Chance-Risiko-Zahl über 10 Jahre und 5 Jahre. Simulierte Einmalanlage über 30 Jahre. Sicherheitsbaustein: Euro-Anleihen-ETF. Renditebaustein: MSCI-World-ETF plus Dax-ETF.
1) Bezieht sich auf 30-Jahreszeitraum. Quelle: Refinitiv, eigene Simulationen Stand: 29. Februar 2024.

Investorinnen und Investoren konnten mit Rohstoffen das Rendite-Risiko-Verhältnis in ihrem Depot damit nicht verbessern. Zwar ließ sich die Volatilität – die Schwankungsanfälligkeit – ein wenig senken, doch die Renditen waren in vielen Zeiträumen niedriger als mit einem reinen Aktieninvestment. Effizienter wurde das Portfolio durch Rohstoffe also nicht. Mehr über Rohstoff-Beimischungen lesen Sie ab Seite 108.

Gold-Pantoffel: Mit Edelmetall geglättet

Gold eignet sich gut als Beimischung zum Pantoffel. Mehr Rendite brachte es jedoch selten. Es glättet aber Schwankungen, weil es sich oft gegenläufig zum Aktienmarkt entwickelt.

Anleger schätzen Gold als weltweit akzeptierten Sachwert und als Versicherung gegen Finanzkrisen und Inflation.

Jede der drei großen Turbulenzen an den Finanzmärkten seit dem Jahrtausendwechsel hat dem Goldpreis einen Aufwärtsschub beschert: nach dem Absturz der Technologieaktien ab dem Frühjahr 2000 ebenso wie in der Finanzkrise 2008/2009 sowie im Nachgang zur Corona-Krise.

Von knapp 300 Dollar je Feinunze (31,1 Gramm) zur Jahrtausendwende stieg der Preis bis 2011 auf über 1900 Dollar. Dann folgte eine lange Durststrecke mit einem Preisverfall auf rund 1050 Dollar, ehe es ab 2018 zunächst allmählich und 2020 steil auf eine neue Rekordmarke hinaufging. In Euro stand die Unze am 28. März 2024 mit 2070,28 Euro auf ihrem bisher höchsten Schlusskurs (Stand: 31. März 2024).

Gold ist also, anders als es so mancher Gold-Anhänger glaubt, beileibe keine „sichere" Anlage, weil die Preisschwankungen und die zwischenzeitlichen Verluste sehr stark ausfallen können. Aber es kann eine sinnvolle Ergänzung des Vermögens darstellen, zumal sich der Goldpreis häufig gegenläufig zu den Aktienmärkten entwickelt und somit die Vermögensentwicklung insgesamt zu stabilisieren hilft.

Der beschleunigte Preisanstieg seit 2018 ist nicht allein der Krisenangst zuzuschreiben. Ein wesentlicher Faktor für den neuerlichen Glanz des Goldes sind die gefallenen Zinsen. Dadurch ist ein gravierender Nachteil von Gold entfallen: Es wirft keine Zinsen oder andere regelmäßige Erträge ab und kostet sogar Geld, wenn es physisch verwahrt wird. Bei niedrigen Zinsen fällt dieses Manko dann weniger ins Gewicht.

Vor allem Großanleger und einige Zentralbanken, aber auch private Sparer haben ihre Goldnachfrage erheblich vergrößert, als es kaum noch Zinsen für sichere Anlagen gab. Überdies steigt seit der Corona-Krise die Goldnachfrage auch deshalb, weil viele Anleger Angst vor den Spätfolgen der kräftig erhöhten Staatsverschuldung und der massiv ausgeweiteten Geldversorgung durch die Notenbanken haben. Gold gilt bei wirtschaftlichen Turbulenzen als sicherer Hafen, auch gegen die Geldentwertung.

Die Gold-Pantoffel

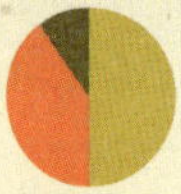

Ausgewogener Gold-Pantoffel
Stabilitätsbaustein: 50 Prozent Euro-Anleihen-ETF
Renditebaustein: 40 Prozent MSCI-World-ETF
10 Prozent Gold-ETC

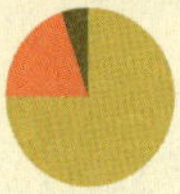

Defensiver Gold-Pantoffel
Stabilitätsbaustein: 75 Prozent Euro-Anleihen-ETF
Renditebaustein: 20 Prozent MSCI-World-ETF
5 Prozent Gold-ETC

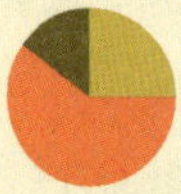

Offensiver Gold-Pantoffel
Stabilitätsbaustein: 25 Prozent Euro-Anleihen-ETF
Renditebaustein: 60 Prozent MSCI-World-ETF
15 Prozent Gold-ETC

Wegen der starken Preisschwankungen ist es allerdings kein Ersatz für sichere Zinsanlagen – das Edelmetall ist deshalb beim Gold-Pantoffel mit 5 bis 15 Prozent Teil des Renditebausteins. Die Grafik oben zeigt, wie sich die Gold-Pantoffel zusammensetzen.

Insgesamt weicht die Wertentwicklung des Gold-Pantoffels Stand 29. Februar 2024 langfristig negativ von der des Welt-Pantoffels ab. Das gilt für den 30-Jahres-, den 20-Jahres- und den 10-Jahres-Zeitraum. Im kurzfristigen Vergleich von einem und fünf Jahren hat der Gold-Pantoffel meist besser abgeschnitten als der Welt-Pantoffel.

Über ETC in Gold investieren

Zu Investmentzwecken erwerben können Anleger Gold als Barren und Münzen oder als Wertpapiere in Form von ETC. Das ist die Abkürzung für Exchange Traded Commodities, also börsengehandelte Rohstoffe. Gold-ETF sind in Deutschland nicht zum öffentlichen Vertrieb zugelassen, da sie nur eine Anlage enthalten, nämlich Gold. Vorgeschrieben ist laut Gesetz, dass ein ETF höchstens 30 Prozent in eine Anlage investieren darf. Die Namensnähe von ETC zu ETF deutet aber an, dass sie ähnlich wie börsengehandelte Indexfonds funktionieren.

Allerdings gibt es einen gravierenden Unterschied: ETC sind keine Sondervermögen wie Fonds und ETF, sondern Inhaberschuldverschreibungen. Deren Kurse bilden die Wertentwicklung von Gold nach und sind mit physischen Edelmetallbeständen besichert. ETC-Käufer sind damit nicht Miteigentümer wie bei ETF, sondern Gläubiger der Emittenten. Im Pleitefall kann das Probleme geben. Die Experten von Finanztest halten dieses Risiko aber für gering, wenn die Herausgeber von Gold-ETC die Anlagegelder komplett in Goldbarren investieren. Bei einigen ETC wie zum Beispiel Xetra-Gold können sich Anlegende ihr Gold sogar als Barren ausliefern lassen. Allerdings können für die Auslieferung Kosten entstehen.

Gold im Pantoffel-Portfolio

Beim Gold-Pantoffel hält Finanztest die Wertpapierlösung für besser geeignet als

Pantoffel-Portfolios mit Gold-Akzent

Pantoffel-Portfolio	Chance-Risiko-Zahl (Prozent)		Risiko [1)]		Rendite über ... Jahre (Prozent pro Jahr)				Aufwand (Anzahl Rebalancing) [1)]
	10 Jahre	5 Jahre	Max. Verlust (Prozent)	Längste Verlustphase (Jahre)	30	10	5	1	
Risikoprofil: Defensiv. 25 Prozent Renditebaustein.									
Welt	99	101	−16	2,4	5,2	3,7	2,3	9,4	4
Welt + Gold	99	100	−15	2,2	5	3,5	2,2	8,8	5
Risikoprofil: Ausgewogen. 50 Prozent Renditebaustein.									
Welt + Gold	101	102	−18	4,7	6,1	6	5,7	12,5	7
Welt	98	99	−24	5	6,3	6,5	6	13,8	6
Risikoprofil: Offensiv. 75 Prozent Renditebaustein.									
Welt + Gold	101	106	−34	6,1	7	8,6	9,4	16,2	5
Welt	97	100	−39	6,7	7,4	9,4	9,8	18,1	5
Risikoprofil: Rendite. 100 Prozent Renditebaustein.									
Welt + Gold	102	106	−47	10,2	8	10,9	12,3	19,8	4
Welt	97	98	−56	13,4	7,8	11,8	12,8	22,5	0

Gruppierung nach Risikoprofil. Reihenfolge innerhalb eines Risikoprofils nach Chance-Risiko-Zahl über 10 Jahre und 5 Jahre. Simulierte Einmalanlage über 30 Jahre. Sicherheitsbaustein: Euro-Anleihen-ETF. Renditebaustein: MSCI-World-ETF plus Gold-ETC.
1) Bezieht sich auf 30-Jahreszeitraum. Quelle: Refinitiv, eigene Simulationen Stand: 29. Februar 2024.

Barren und Münzen. ETC werden laufend an den Börsen gehandelt und sind damit liquide. Die Kosten fallen insbesondere bei kleineren Anlagebeträgen in der Regel geringer aus als bei Barren und Münzen. Der Aufpreis beim Kauf eines Kilobarrens Gold beträgt im Durchschnitt gut ein Prozent des Metallwerts, beim Gramm-Barren dagegen oft mehr als 20 Prozent. Diese Differenz ist nicht leicht aufzuholen, auch wenn das Gold stetig im Preis steigt.

Mit ETC lässt sich der Goldanteil in ihrem Portfolio einfacher und kostengünstiger herstellen und konstant halten als mit physischem Gold. Das gilt auch für Sparpläne, die von einer Reihe von Banken und Online-Brokern für Gold-ETC angeboten werden.

Allerdings sind die jährlichen Kosten bei kleinen Sparraten von 25 oder 50 Euro im Einzelfall beträchtlich, wie eine Untersuchung von Finanztest (Details unter test.de/gold, mit Flatrate kostenfrei) zeigt. Vor Vertragsabschluss sollten sich Anlegerinnen und Anleger deshalb gründlich informieren, um beim Sparplan nicht in die Kostenfalle zu tappen.

Weltweite Aktien und Gold ergänzen sich gut

Für ein Investment in Gold spricht nicht, dass es grundsätzlich den Aktienmarkt geschlagen hätte. Im Vergleich mit dem MSCI World hatte es mal die Nase vorn, mal nicht. Interessanter ist, dass seine Wertentwicklung vom weltweiten Aktienmarkt recht unabhängig ist und sich seit 2018 eher entgegengesetzt entwickelt: Das Maß dafür, die Korrelation, schwankt wenig um den Nullwert und ist weit von den beiden Maxima 1 (vollständiger Gleichlauf) und minus 1 (vollständig entgegengesetzt) entfernt.

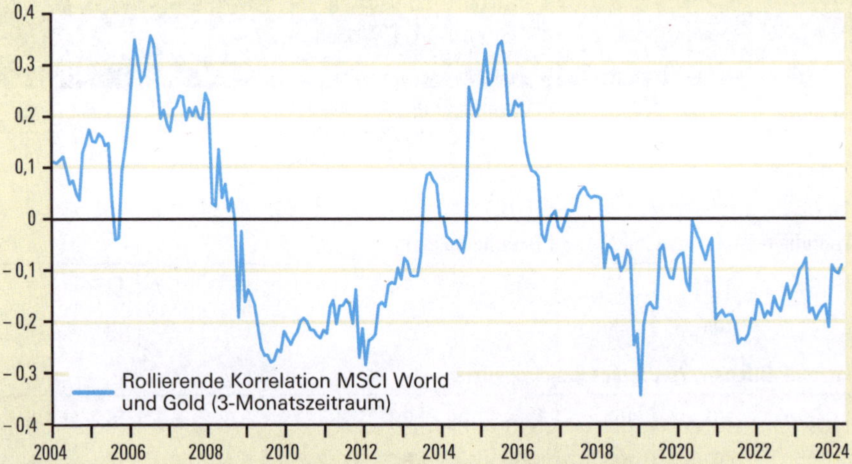

Quelle: Refinitiv, eigene Berechnungen Stand: 29.02.2024

→ Goldgewinne oft steuerfrei

Aus steuerlicher Sicht weist Gold einige Besonderheiten auf: Der Goldkauf ist von der Mehrwertsteuer befreit, und Gewinne bleiben steuerfrei, wenn zwischen Kauf und Verkauf mehr als ein Jahr vergangen ist.
Nach einem Urteil des Bundesfinanzhofs (BFH) gilt das nicht nur für physisches Gold, sondern auch für Xetra-Gold (Az. VIII R 4/15 und VIII R 35/14), das einen Auslieferungsanspruch verbrieft, unabhängig davon, ob man sich das Gold ausliefern lässt oder Anteile mit Gewinn verkauft.
Das Urteil gilt nach Einschätzung der Börse Stuttgart auch für Euwax Gold II. Uneingeschränkt bieten einen Auslieferungsanspruch auf Gold nur Xetra-Gold von der Deutsche Börse Commodities GmbH und Euwax-Gold von der Börse Stuttgart Securities GmbH.

Der offizielle und in den Medien meistens genannte Goldpreis an den internationalen Handelsplätzen wird in Dollar notiert. Wegen der Wechselkursschwankungen weicht der Wert in Euro davon ab. Er kann sich besser, aber auch schlechter entwickeln als in Dollar. Anleger können sich mit Gold-ETC mit Währungsabsicherung weitgehend vor den Risiken eines schwachen Dollars schützen – aber sie verzichten dann auch auf mögliche Gewinne, wenn der Dollar, wie zuletzt 2021/22, kräftig an Wert zulegt.

Nachhaltige Pantoffel: Besser als konventionell

Das beliebte Pantoffel-Portfolio lässt sich problemlos mit nachhaltigen ETF umsetzen. Und es lohnt sich auch, wie unser Vergleich mit der klassischen Variante zeigt.

Das Pantoffel-Portfolio gibt es auch in nachhaltigen Varianten. Renditeeinbußen brauchen Anlegerinnen und Anleger dabei nicht zu befürchten, ganz im Gegenteil. In nahezu allen untersuchten Zeiträumen schnitt die grüne Version des Welt-Pantoffel-Portfolios besser ab als die konventionelle (siehe Tabelle auf Seite 51).

Lediglich die Jahresrenditen von 2022 sind beim grünen Portfolio schlechter als beim konventionellen. Der Grund dafür waren die Ölkonzerne, deren Kurse wegen des Ukraine-Krieges stark gestiegen sind. Davon profitieren jedoch nur die konventionellen ETF, die nachhaltigen – zumindest die strengsten – haben fossile Energien ausgeschlossen. Im Jahr 2023 lag die nachhaltige Variante wieder in Führung.

Analysiert hat Finanztest zum einen das klassische Welt-Pantoffel-Portfolio, das aus einem weltweit anlegenden ETF als Renditebaustein besteht. Die Experten von Finanztest empfehlen hierfür ETF mit der Auszeichnung 1. Wahl. Sie sind typisch für den Markt und entwickeln sich ähnlich wie der Index MSCI World.

Auch einige marktbreite nachhaltige ETF sind 1. Wahl. Die strengsten hat Finanztest mit drei von fünf Nachhaltigkeitspunkten bewertet. Daran wird eines deutlich: Wer auf strengste Nachhaltigkeit Wert legt, kommt mit ETF nicht zum Ziel. Er oder sie muss, wie bereits auf Seite 16 erläutert, auf aktiv gemanagte Fonds ausweichen.

„SRI“ steht für Nachhaltigkeit

Ein wichtiger Index für nachhaltige Geldanlage ist der MSCI World SRI. Das Kürzel „SRI“ steht für „socially responsible investment“, also sozial verantwortliche Geldanlage. Der Index umfasst Aktien großer und mittelgroßer Unternehmen aus 23 Industrieländern. Das Gewicht der Unternehmen im Index bemisst sich nach deren Börsenwert.

Neben einigen auch in Deutschland bekannten Unternehmen und Marken wie Microsoft, Tesla, Coca-Cola, Pepsi und Adobe befinden sich im MSCI World SRI auch Firmen wie der Pharmahersteller Novo Nordisk, die US-Heimwerkerkette Home Depot, die Softwareschmiede Intuit und der niederländische Halbleiter-Werkzeugmaschi-

Pantoffel-Portfolios: klassisch versus nachhaltig

Ausgewogenes Pantoffel-Portfolio	Chance-Risiko-Zahl (Prozent)		Risiko [1]		Rendite über ... Jahre (Prozent pro Jahr)			Aufwand (Anzahl Rebalancing) [1]
	10 Jahre	5 Jahre	Max. Verlust (Prozent)	Längste Verlustphase (Jahre)	10	5	1	
Welt-Pantoffel								
SRI-Welt	100	103	–17	2,2	7	6,6	13,7	2
Welt	98	99	–15	2,2	6,5	6	13,8	2
Welt + Rohstoffe								
Welt + Rohstoffe	97	103	–12	2,1	5,7	5,9	12	2
SRI-Welt + Neue Energien	96	100	–16	2,2	6,6	6,6	8,7	4
Welt + Europa								
SRI-Welt + SRI-Europa	97	101	–17	2,2	6,6	6,4	13,4	2
Welt + Europa	94	97	–15	2,2	6	5,5	12,6	2
Welt + Schwellenländer								
SRI-Welt + SRI-Schwellenländer	97	97	–17	2,2	6,4	5,7	11,9	2
Welt + Schwellenländer	94	93	–15	2,2	5,8	4,9	12,1	2

Gruppierung nach Risikoprofil. Reihenfolge innerhalb eines Risikoprofils nach Chance-Risiko-Zahl über 10 Jahre und über 5 Jahre. Simulierte Einmalanlage über 10 Jahre. Sicherheitsbaustein: Euro-Anleihen-ETF. Renditebaustein: MSCI-World-ETF plus Beimischung, klassisch oder als SRI-Variante. 1) Bezieht sich auf 10-Jahreszeitraum. Quelle: Refinitiv, eigene Simulationen Stand. 29. Februar 2024.

nen-Spezialist ASML, der die Chipindustrie beliefert. Als einziges deutschstämmiges, aber inzwischen irisches Unternehmen in den Top Ten ist der Industriegas-Spezialist Linde zu finden.

Leider gibt es keinen ETF, der den MSCI World SRI eins zu eins abbildet. Lediglich Varianten wie der MSCI World SRI Select Reduced Fossil Fuel sind über ETF investierbar. Für viele Anlegende könnte das eine akzep-

Die nachhaltigen Welt-Pantoffel

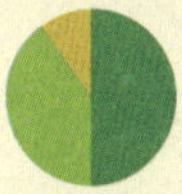

Ausgewogener Nachhaltigkeits-Pantoffel
Stabilitätsbaustein: 50 Prozent Euro-Anleihen-ETF
Renditebaustein: 40 Prozent Nachhaltiger Aktien-Welt-ETF
10 Prozent Nachhaltiger Länder- oder Branchen-ETF

Defensiver Nachhaltigkeits-Pantoffel
Stabilitätsbaustein: 75 Prozent Euro-Anleihen-ETF
Renditebaustein: 20 Prozent Nachhaltiger Aktien-Welt-ETF
5 Prozent Rendite-Beimischung, klassisch oder SRI

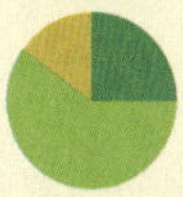

Offensiver Nachhaltigkeits-Pantoffel
Stabilitätsbaustein: 25 Prozent Euro-Anleihen-ETF
Renditebaustein: 60 Prozent Nachhaltiger Aktien-Welt-ETF
15 Prozent Nachhaltiger Länder- oder Branchen-ETF

table Lösung sein: Die Top Ten, die etwa ein Viertel des Index ausmachen, sind aber zumindest in der genannten Variante bis auf Linde identisch. Dafür rutscht Disney auf Platz 10 (Stand Ende 2023).

Nachhaltige Pantoffel liefen leicht besser als die klassischen

Für die Pantoffel-Varianten „Welt", „Rohstoffe", „Europa" und „Schwellenländer" hat Finanztest nachgerechnet, ob die konventionelle oder die nachhaltige Version die besseren Erträge bringt.

Das Ergebnis unserer Simulationen: Über die langfristigen Zeiträume lagen die SRI-Pantoffel-Portfolios vorne, im vergangenen Jahr waren dagegen die klassischen Varianten etwas besser. Wir gehen davon aus, dass sich auch künftig klassische und nachhaltige Welt-ETF ähnlich entwickeln werden.

Der Einzeljahresrenditenvergleich zwischen nachhaltig und konventionell für Aktien „Welt", „Europa", „Schwellenländer" und „Deutschland" auf Seite 86 offenbart ein ganz ähnliches Bild, was die Renditen betrifft. Im Plus-Bereich übertreffen die nachhaltigen Varianten von Deutschland abgesehen und wenigen Einzeljahren bei den anderen Regionen stets die konventionellen. In den Verlustjahren scheiden sie dafür aber auch schlechter ab.

Indizes auf regenerative Energien

ETF auf Indizes für regenerative Energien, wie sie auch im nachhaltigen Rohstoffe-Pantoffel stecken, sind zurzeit angesagt.

Rendite: Nachhaltige Titel können mit klassischen durchaus mithalten

Die Grafiken vergleichen nachhaltige mit klassischen Märkten – jeweils pro Kalenderjahr. 2023 ist bis 24. Juli abgebildet. Oft lagen nachhaltige Werte leicht vorn, manchmal auch hinten. Das Jahr 2022 lief schlecht, besonders für nachhaltige Aktien. Die bessere Performance der klassischen Titel lag unter anderem an der steigenden Nachfrage nach Öl und Waffen wegen des Krieges in der Ukraine.

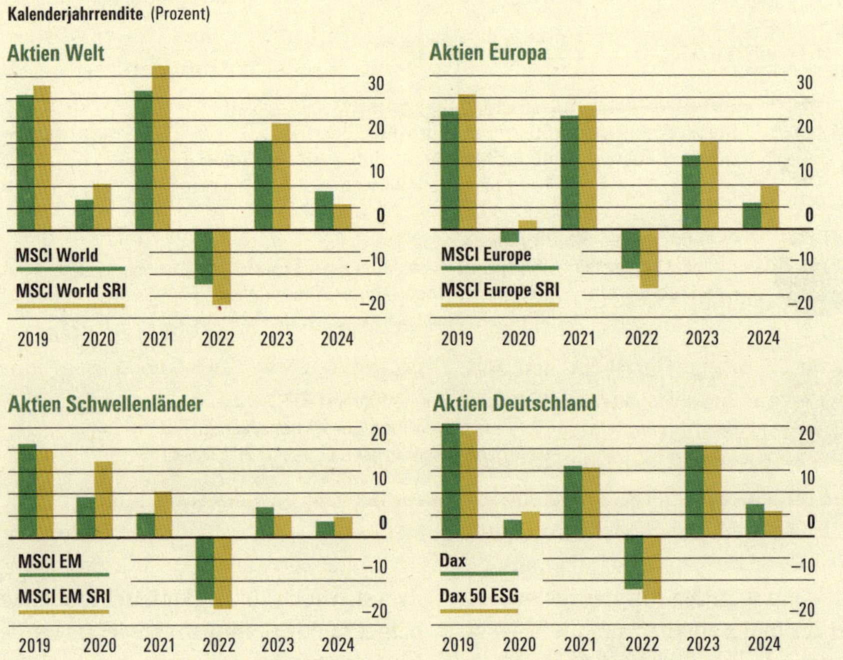

Quelle: Refinitiv, eigene Berechnungen Stand: 18.03.2024

Deshalb beleuchten wir sie hier noch ausführlicher: Der S&P Global Clean Energy Index zum Beispiel ist der Referenzindex für den ETF Global Clean Energy von iShares (Isin IE00B1XNHC3 4). Dieser ETF verwaltet rund 3,8 Milliarden Euro – mehr als viele klassische weltweit anlegende Fonds.

Auch die Renditen waren in beide Richtungen spektakulär und gleichen einer Achterbahnfahrt: Im Zeitraum von März 2020 bis zum Höchststand im Januar 2021 hatte sich der Clean-Energy-ETF fast verdreifacht. Seitdem setzte allerdings eine ziemliche Flaute ein. Alle Anleger und Anlegerinnen, die damals eingestiegen waren, hatten Stand Ende Dezember 2023 rund 40 Prozent ihres Einsatzes verloren.

Noch schlimmer sieht es aus, wenn man länger zurückblickt. Seit seinem Hoch Ende das Jahres 2007 hat der Clean Energy Index sogar deutlich mehr als die Hälfte seines Wertes verloren. Seine damaligen Höchststände hat er bisher nicht wieder erreicht. Wer aber Glück hatte und zum richtigen Zeitpunkt eingestiegen ist, konnte zweistellige Renditen erwirtschaften: Auf Fünfjahressicht hat der ETF iShares Global Clean Energy eine Rendite von 14,5 Prozent pro Jahr erzielt (Stand Ende 2023). Die Chancen sind also groß, die Risiken erheblich.

43 Prozent des aus 100 Titeln zusammengesetzten S&P Global Clean Energy Index machen Unternehmen aus der Branche Versorger aus, gefolgt von IT mit einem Anteil von knapp 27 Prozent. Größter Posten ist Stand Ende Dezember 2023 der Photovoltaikanlagen-Hersteller First Solar mit 8,4 Prozent. Auf dem zweiten Platz liegt die amerikanische IT-Firma Enphase Energy, die unter anderem Wechselrichter für Solaranlagen und Energiespeicher herstellt.

An dritter Stelle rangiert der Windkraftanlagenhersteller Vestas aus Dänemark, der auch in Deutschland produziert. Windräder der Firma stehen in über 80 Ländern. Er war vor Ende September 2021 noch die größte Position im S&P Global Clean Energy. Die Aktie steht jedoch seit einiger Zeit unter Druck. Unter anderem steigende Rohstoffpreise, stockende Lieferketten und lange Genehmigungszeiten sorgten dafür, dass Vestas in die roten Zahlen rutschte.

Ebenfalls aus Dänemark kommt der Energiekonzern Orsted, der früher hauptsächlich auf fossile Brennstoffe setzte. Inzwischen hat der Konzern vor allem in Offshore-Windenergie investiert. Spätestens 2023 wollte Orsted aus der Kohle ausgestiegen sein. Dies hat sich auf Geheiß der dänischen Regierung verzögert. Einige Kohlekraftwerke laufen nun noch weiter.

Weitere Indizes und ETF aus dem Bereich „Neue Energien"

Der S&P Global Clean Energy Index ist jedoch nicht der einzige Index, der die Branche abbildet. Indexanbieter Solactive hat etwa einen „Clean Energy"-Index im Programm. Er setzt sich aus 62 Titeln zusammen. Die aktuell größte Position ist die Emeren Group, ein Solarenergie-Projektentwickler. ETF-Anbieter L&G hat seit Oktober 2020 einen ETF auf diesen Index (IE00BK5BCH80).

Der Neue-Energien-ETF von Lyxor (FR0010524777) hat seinen Index im November 2021 geändert. Er bildet jetzt den MSCI ACWI IMI New Energy ESG filtered ab. Der Index setzt auf dem sehr breit aufgestellten MSCI ACWI IMI mit mehr als 9000 Werten auf und enthält daraus rund 100 Unternehmen weltweit.

Den ETF gibt es seit 2007, er hat knapp 880 Millionen Euro eingesammelt. Zuvor bildete er den Index SGI World Alternative Energy CW ab, der nur weniger als halb so viele Aktien enthielt. Größte Position in diesem Index ist der bereits erwähnte Windkraftanlagenhersteller Vestas.

Der Index WilderHill New Energy Global Innovation umfasst rund 110 Aktien, ebenfalls aus den Bereichen erneuerbare Energien, Energieeffizienz und -speicherung. Zuletzt hatte der Solarparkbetreiber Xinyi Energy Holdings den größten Anteil. Seit etwa einem Jahr gibt es einen ETF von Invesco (IE00BLRB0242).

Eigene Ideen umsetzen

Um die Rendite zu erhöhen, das Risiko zu senken oder Erträge zu glätten, können Anlegende Märkte beimischen, die sich unterschiedlich entwickelt haben. Das zentrale Kriterium für die Entscheidung ist die Korrelation.

Ein Basis-Geldanlageportfolio ist schnell erstellt: Ein ETF mit der Finanztest-Auszeichnung „1. Wahl" aus der Gruppe „Aktien Welt" und ein Euro-Staatsanleihen-ETF oder Tages-/Festgeld reichen. Dieses Rezept von Finanztest hat sich seit einem Jahrzehnt – und zurückgerechnet noch länger – unter der Bezeichnung „Pantoffel-Portfolio" hervorragend bewährt.

Wer Spaß am Thema Geldanlage hat und bereit ist, etwas mehr Aufwand in seine Strategie zu investieren, kann diese Grundlage aber auch ausbauen. Während im vorhergehenden Kapitel die Varianten des Pantoffel-Portfolios im Vordergrund standen, lösen wir uns in diesem Kapitel von dieser Betrachtungsweise und analysieren Beimischungen außerhalb des Pantoffel-Spektrums, so etwa Branchenfonds zu den Themen „Gesundheit" und „Mobilität" und weiße Edelmetalle wie Silber und Platin. Dieses Kapitel richtet sich also an fortgeschrittene Anlegerinnen und Anleger.

Was aber motiviert Anlegende, dieses Konzept um Beimischungen erweitern? Dafür kann es drei Gründe geben: Erstens

Korrelation wichtiger Anlageklassen über 10 Jahre

Bei 1 bewegen sich Märkte gleich, bei -1 gegenläufig, bei 0 sind sie unabhängig.

	Welt	USA	Europa	Dax	Japan	EM	Small Cap	Euro-Staats-anleihen	Gold
Welt	1,00	0,98	0,90	0,85	0,80	0,68	0,93	0,36	-0,07
USA	0,98	1,00	0,82	0,77	0,74	0,62	0,91	0,37	-0,07
Europa	0,90	0,82	1,00	0,95	0,72	0,66	0,84	0,31	-0,10
Dax	0,85	0,77	0,95	1,00	0,72	0,64	0,79	0,28	-0,11
Japan	0,80	0,74	0,72	0,72	1,00	0,63	0,76	0,27	-0,07
EM	0,68	0,62	0,66	0,64	0,63	1,00	0,68	0,28	0,05
Small Cap	0,93	0,91	0,84	0,79	0,76	0,68	1,00	0,29	-0,11
Euro-Staats-anleihen	0,36	0,37	0,31	0,28	0,27	0,28	0,29	1,00	0,30
Goldpreis (Euro)	-0,07	-0,07	-0,10	-0,11	-0,07	0,05	-0,11	0,30	1,00

Quelle: Refinitiv, eigene Berechnungen, Stand: 31.12.2023

mehr Rendite, denn es gibt immer wieder Teilmärkte, die besser laufen als der Weltaktienmarkt. Zweitens weniger Risiko, denn wer in den MSCI World investierte, musste historisch gesehen schon Rücksetzer von mehr als 50 Prozent verkraften. Drittens schließlich könnten Anlegende, die Schwankungen schlecht ertragen, nach einer Komponente suchen, die sich gegenläufig entwickelt und den Ertrag glättet.

Aber welche Märkte eignen sich als Ergänzung? Bei der Auswahl hilft auch ein Blick auf die Korrelationen der einzelnen Anlagemärkte, denn diese Werte helfen zu erkennen, für welches der drei genannten Motive ein Teilmarkt taugt.

Was bedeutet der Begriff? Die Korrelation misst Stärke und Richtung des Zusammenhangs zweier statistischer Größen. Das heißt: In welche Richtung und wie stark verändert sich Markt A, wenn sich Markt B verändert? Der Korrelationskoeffizient kann zwischen 1 und –1 liegen. Die Zahl selbst ist dimensionslos, drückt also keinen Prozentwert aus. Dennoch enthält sie eine klare Aussage bezüglich des Zusammenhangs:

- 1 bedeutet, zwei Märkte bewegen sich identisch auf und ab.
- 0 bedeutet, zwei Märkte bewegen sich komplett unabhängig voneinander.
- –1 bedeutet, zwei Märkte bewegen sich genau gegensätzlich.

Korrelationen zwischen 0,1 und 0,3 gelten als klein bis moderat, Korrelationen zwischen 0,3 und 0,5 als moderat bis groß und ab 0,5 als groß. Dasselbe gilt sinngemäß für den negativen Wertebereich. Die Korrelation enthält aber keine Aussage über einen kausalen Zusammenhang oder die Richtung der Wirkung. A und B können sich gleich entwickeln, aber das heißt noch lange nicht, dass die Entwicklung von A der Grund für die Entwicklung von B ist.

Was das in der Praxis bedeutet, kann man an einer Untersuchung verdeutlichen, die die Zahl der Geburten und die Zahl der Storchenpaare in Baden-Württemberg zwischen 1966 und 1975 statistisch zueinander in Beziehung setzte. Der Korrelationskoeffizient betrug 0,97, also fast 1, und zeigte damit eine perfekte Korrelation. Das heißt, dass die Zahl der lebend Geborenen fast im selben Maß zurückging, in dem die Zahl der Storchenpaare sank.

Schneller zum Ziel

Wenn Sie schnell entscheiden wollen, welche Beimischungen für Sie infrage kommen, sollten Sie den Korrelationskoeffizienten zurate ziehen. Dabei gilt: Wollen Sie eine Mehrrendite erzielen, wählen Sie eine Anlage, die möglichst wenig, höchstens aber moderat mit Ihrer Hauptanlage korreliert ist. Der Korrelationskoeffizient sollte also zwischen –0,3 und 0,3 liegen. Ist Ihnen an einer Glättung der Erträge gelegen, ist der Bereich zwischen –0,3 und 0 von Vorteil.

Das Beispiel macht deutlich, dass eine Korrelation nicht unbedingt auch für einen kausalen Zusammenhang steht. Nicht einmal die Richtung kann man aus den Zahlen schließen. Auf das Beispiel bezogen: Ob nun weniger Storchenpaare zu weniger Kindern führen oder weniger Kinder zu einer sinkenden Storchenzahl, lässt sich aus den Daten nicht herleiten. Es gibt immer drei Möglichkeiten: A kann die Ursache für B sein, B kann die Ursache für A sein, oder A und B haben wie bei Störchen und Babys überhaupt keinen kausalen Zusammenhang.

Trotzdem ist der Korrelationskoeffizient nützlich. Denn aus Geldanlagesicht ist es wenig sinnvoll, einen Markt oder eine Branche beizumischen, die sich genauso oder ähnlich verhält wie das Kerninvestment. Denn dann erreichen Anlegende weder mehr Rendite noch weniger Risiko noch eine Glättung der Erträge. Aus diesem Grund ist es beispielsweise ratsam, Aktien und Anleihen zu mischen, weil beide Märkte nur relativ schwach zusammenhängen.

Europäische Staatsanleihen und der MSCI World etwa wiesen in den zehn Jahren bis einschließlich 2023 nur eine Korrelation von 0,34 auf. Diese Märkte bewegen sich zwar in dieselbe Richtung, aber nicht im Gleichschritt. Fällt der weltweite Aktienmarkt, so ist zu erwarten, dass die europäischen Staatsanleihen die Abwärtsbewegung mitmachen, aber in weit geringerem Ausmaß, als die Aktien dies vorgeben.

Gold und Aktien entwickeln sich im Wert unabhängig voneinander

Noch deutlicher gilt das für Gold. Das gelbe Metall ist die einzige Anlage, die zu allen Anlageklassen und -regionen eine Korrelation von nahezu null hat – meist sogar leicht negativ. Das bedeutet, dass ein Aktienportfolio, dem Gold beigemischt wird, im Wert weniger stark schwanken kann als ein reines Aktiendepot. Enthält das Depot Euro-Staatsanleihen, gilt das nicht ganz so stark.

Eine Garantie gibt es dafür jedoch nicht. Erstens besteht die Möglichkeit, dass sich die Korrelation zwischen verschiedenen Anlagemärkten über die Zeit ändert. Was heute als verlässliche Tendenz erscheint, kann in Zukunft anders ausfallen. Zweitens ist es möglich, dass sich ein Markt über die gesamte Investitionsdauer hinweg schlechter entwickelt als erwartet. Dies ist besonders in Schwellenländern der Fall, wo Aktienmärkte oft sehr großen Schwankungen unterliegen. In extremen Fällen kann es sogar zu einem Totalverlust kommen, wie es beispielsweise aus der Sicht westlicher Anleger auf dem russischen Aktienmarkt geschehen ist.

Darüber hinaus ist zu beachten, dass selbst zwei eng miteinander korrelierte Märkte zwar in dieselbe Richtung schwanken können. Aber die Intensität dieser Schwankungen und damit die erzielten Renditen können unterschiedlich sein. Das bedeutet, dass selbst wenn zwei Märkte generell eine ähnliche Entwicklungsrichtung aufweisen, die tatsächlichen Gewinne oder Verluste stark variieren können.

Insgesamt berechnet Finanztest die Korrelation von 67 Anlageklassen und -märkten zueinander, und zwar über einen Zeitraum von 10 Jahren. Stand der Auswertung ist der 31. Dezember 2023.

Für die Aktienmärkte verwenden wir in der Regel die Indizes des Anbieters MSCI, für die Anleihen Indizes von Bloomberg. Im Einzelnen berücksichtigen wir unter anderem die Welt, die Region Europa, 23 einzelne Industrieländer, 20 Schwellenländer, 11 Industriesektoren, drei Euro-Anleihenmärkte und Gold. Eine detaillierte Übersicht finden Sie auf Seite 122/123, die wichtigsten Märkte sind in der Tabelle auf Seite 90 zu sehen.

In Schwellenländer investieren

Die Volkswirtschaften der Schwellenländer wachsen im Schnitt dynamischer als die der etablierten Industrienationen. Dennoch sollten sich Anlegende auf Schwankungen einstellen.

Zwischen der Wirtschaftskraft von Staaten und ihrem Anteil an den Weltaktienindizes herrscht mitunter ein krasses Missverhältnis. Der übliche Maßstab für die Bedeutung einer Volkswirtschaft ist das Bruttoinlandsprodukt (BIP). Vereinfacht ausgedrückt ist es die Summe aller Güter und Dienstleistungen, die eine Volkswirtschaft innerhalb eines Jahres erzeugt.

Obwohl die USA 2022 etwa 27 Prozent des weltweiten BIP erwirtschafteten, repräsentieren sie ungefähr 60 Prozent des MSCI All Country World Index, einem globalen Aktienindex. Im Gegensatz dazu steht China, das 2022 fast 19 Prozent zum weltweiten BIP beitrug, aber nur 3,2 Prozent im MSCI All Country World Index beitrug.

Insgesamt machen alle Schwellenländer, die im MSCI Emerging Markets Index vertreten sind, etwa 10 bis 12 Prozent des MSCI All Country World Index aus.

China wird trotz seiner Position als zweitgrößte Volkswirtschaft der Welt immer noch als Schwellenland eingestuft. Diese Klassifizierung berücksichtigt jedoch nicht nur die Wirtschaftsgröße, sondern auch Faktoren wie Einkommensverteilung, Bevölkerungsstruktur sowie den Entwicklungsstand von Bildungs- und Gesundheitssystemen. So lag das Pro-Kopf-Einkommen in China laut Weltbank 2022 bei etwa 12 800 US-Dollar, was nur 18 Prozent des Wertes in den USA entspricht.

Der Indexanbieter MSCI berücksichtigt zusätzlich, wie viele große Unternehmen ein Land hat, wie frei Aktien handelbar und wie offen die Märkte und Investitionsmöglichkeiten sind. Aktuell sind 24 Länder als Schwellenländer im MSCI Emerging Markets Index zusammengefasst.

Emerging und Frontier Markets

MSCI unterteilt die Börsenwelt sogar in drei Kategorien: Neben den Industrie- und den Schwellenländern gibt es die sogenannten „Frontier Markets“, zu denen kleinere Börsen wie die in Bangladesch, Nigeria und Tunesien gehören. Zwischen diesen Kategorien gibt es immer wieder Veränderungen. So wurde Griechenland nach der Finanzkrise zum Schwellenland herabgestuft, während Saudi-Arabien seit Juni 2019 zu den Schwellenländern zählt.

Die Zusammensetzung des MSCI Emerging Markets hat sich im Laufe der Zeit stark verändert. Interessanterweise war Malaysia

Ein Achtel des Weltmarkts entfällt auf Schwellenländer

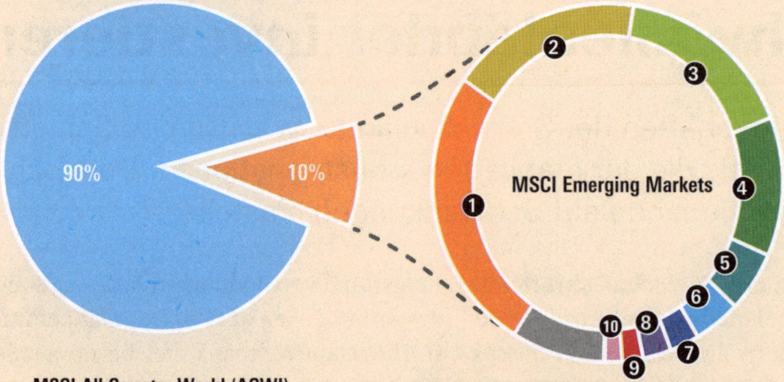

MSCI All Country World (ACWI)

- Schwellenänder
- Industrieländer

Anteil Länder (Prozent)

1 China	2,6	6 Saudi-Arabien	0,4
2 Indien	1,8	7 Südafrika	0,3
3 Taiwan	1,7	8 Mexiko	0,3
4 Südkorea	1,3	9 Indonesien	0,2
5 Brasilien	0,5	10 Thailand	0,2

Andere Länder (alphabetisch): Ägypten, Argentinien, Chile, Griechenland, Katar, Kolumbien, Malaysia, Pakistan,Peru, Philippinen, Polen, Russland, Tschechien, Türkei, Ungarn, Vereinigte Arabische Emirate

1989 nach Brasilien das zweitwichtigste Schwellenland. Heute gehört es jedoch nicht einmal mehr zu den Top-10-Ländern in diesem Index.

Chinas Anteil am MSCI Emerging Markets wächst deutlich. Anfang 2016 betrug der Anteil chinesischer Aktien im Index noch knapp 25 Prozent, Anfang 2023 waren es 30 Prozent. Die lateinamerikanischen Schwellenländer spielen dagegen lediglich eine Nebenrolle, der afrikanische Kontinent ist kaum vertreten, und europäische Börsenplätze wie Warschau, Budapest oder Prag sind bloß eine Randnotiz. Russland wurde wegen des Angriffskriegs gegen die Ukraine im März 2022 aus dem Index verbannt.

Das im Vergleich zu den Industrieländern hohe Wirtschaftswachstum macht Schwellenländer für Investorinnen und Investoren interessant. Ein geeigneter Index ist der MSCI Emerging Markets, der die Risiken breit streut. Er enthält mehr als 1400 Aktien aus 24 Ländern. Fast alle namhaften Anbieter offerieren ETF auf diesen Index.

Schwellenländer ins Depot holen

Anlegerinnen und Anleger, die einen höheren Anteil an Schwellenländern in ihrem Portfolio wünschen als in weltweiten Aktienindizes üblich, können dies erreichen, indem sie zwei verschiedene Arten von Fonds kombinieren: einen globalen Aktienfonds und einen Fonds, der speziell in Schwellenmärkte investiert. Diese Strategie ermöglicht es, die Zusammensetzung des Portfolios individuell anzupassen.

Eine gängige Methode ist die Kombination eines Welt-ETF mit einem ETF, der in eine breite Palette von Schwellenländern investiert. Dieses Vorgehen eignet sich besonders gut für langfristige Sparpläne.

Anlegende sollten jedoch bedenken, dass eine Erhöhung des Schwellenländeranteils auf bis zu 20 Prozent mit einem erhöhten Risiko von Wertschwankungen einhergeht. Investitionen in Schwellenländer bieten zwar attraktive Chancen, aber die Vergangenheit hat gezeigt, dass diese Märkte zu stärkeren Kursausschlägen neigen können als beispielsweise die Märkte in den USA oder in Westeuropa.

Nur für erfahrene Anlegende: Länder- und Regionen-ETF

Für erfahrene Investorinnen und Investoren, die sich regelmäßig mit dem Börsengeschehen auseinandersetzen, kann auch das individuelle Zusammenstellen eines Portfolios aus verschiedenen Länder- oder Regionen-ETF aus Schwellenländern eine Option sein, um das Depot zu ergänzen.

Bei der Gestaltung eines solchen Portfolios sollten jedoch zwei wichtige Regeln beachtet werden, um Enttäuschungen zu vermeiden: Die Basis des Portfolios sollte erstens ein breit gestreuter Welt-Aktienfonds sein, zum Beispiel ein ETF, der den MSCI World Index abbildet. Dieser sollte mindestens 80 Prozent des Gesamtportfolios ausmachen. Für jeden zusätzlich aufgenommenen spezialisierten ETF empfehlen wir, eine Obergrenze von 10 Prozent des Gesamtportfolios nicht zu überschreiten, um das Risiko zu diversifizieren und zu managen.

Interessieren Sie sich für einzelne Schwellenländer, werden Sie online in unserer Fondsdatenbank (für Flatrate-Kundinnen und -kunden kostenfrei) ebenfalls fündig. Klicken Sie auf der Startseite des Fondsvergleichs unter test.de/fonds im grauen Feld auf „Alle Fonds“ und wählen Sie anschließend in der Leiste oben den Filter „Fondsgruppen“ und dort „Aktien Länder und Regionen“ aus.

Wer es noch exotischer liebt, kann einen ETF auf den S&P Select Frontier Index (Isin LU0328476410) in Betracht ziehen. Damit setzen Wagemutige auf potenzielle Aufsteiger unterhalb der Emerging Markets. Der ETF besteht aus lediglich 40 Aktien aus 11 Ländern wie Vietnam, Argentinien und Island. Dabei ist zu bedenken, dass für ETF auf exotische Märkte höhere Entgelte anfallen als bei einem ETF auf einen Index wie den MSCI World oder MSCI Europe. Zuletzt lagen die laufenden Gesamtkosten bei knapp 3,3 Prozent. Das wäre selbst für einen aktiv gemanagten Fonds stattlich.

Angesichts der ökonomischen – häufig auch politischen – Unwägbarkeiten sind Anlagen in Frontier Markets besonders spekulativ. Wie exotisch die Anlage ist, zeigt die

Das globale Wirtschaftskraftdepot mit Schwellenländern

Mit einem Mix aus vier ETF lässt sich das Missverhältnis zwischen Börsenwert und Wirtschaftskraft weitgehend beheben. Das Vierer-Depot kommt den Proportionen für die Wirtschaftskraft recht nahe. Frankreich ist etwas zu stark, Japan zu schwach gewichtet.

Indizes im Vierer-Portfolio
50 % MSCI All Country World (ACWI)
30 % MSCI Emerging Markets (EM)
14 % MSCI EMU
6 % MSCI China

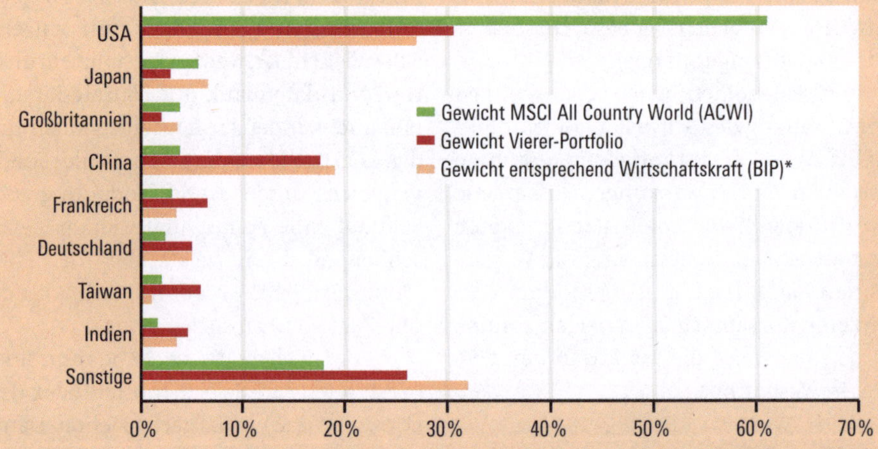

* Wirtschaftskraft anteilig bezogen auf alle Länder, die auch im MSCI All Country World (ACWI) enthalten sind.
Quellen: Weltbank, Statisitkbehörde Taiwan, Refinitiv Stand: Gewichte im MSCI Index 31.1.2022, BIP-Zahlen 2020

von Finanztest ermittelte Entfernung zum Referenzindex MSCI Emerging Markets, auch „Marktnähe“ genannt: Ende Februar 2024 betrug sie 72 Prozent.

Da sich politische und wirtschaftliche Rahmenbedingungen schnell ändern können, sollten Sie Länder- und Regionenfonds – vor allem die exotischeren Varianten – stärker im Blick behalten und entschlossen reagieren, wenn die Märkte drehen.

Zudem gilt: Setzen Sie mit verschiedenen Fonds nicht auf dasselbe Pferd. Es ist zum Beispiel keine gute Idee, Aktienfonds Asien ex Japan und Aktienfonds BIC (Brasilien, Indien, China) zu kombinieren, weil beide zu einem großen Teil Aktien aus Indien und China enthalten. In unserer Fondsdatenbank haben wir die Fonds in Familien eingeteilt (mehr dazu am Ende dieses Kapitels ab Seite 119).

Je entfernter die Verwandtschaft, desto besser ist die Risikostreuung. Wählen Sie für Ihre Zusammenstellung möglichst nur Schwellenländerfonds aus unterschiedlichen weiten Familien. Beachten Sie außerdem die Nähe der Fonds zum Weltaktienindex MSCI World. Hier sollte die familiäre Entfernung möglichst groß sein.

Sie finden die nötigen Angaben, wenn Sie im Fondsvergleich unter test.de/fonds auf die Einzelfondsseite klicken, unter dem Punkt „Strategie". Aktienfonds Brasilien haben weniger Ähnlichkeit mit dem Weltindex als beispielsweise Asienfonds – ob sie allerdings auch das bessere Investment sind, steht auf einem anderen Blatt.

Wirtschaftskraft bestimmt die Gewichtung der Länder

Für Anlegerinnen und Anleger, die sich mit dem beschriebenen Ungleichgewicht zwischen dem BIP der einzelnen Länder und ihrem Anteil an den Indizes nicht abfinden wollen, hat Finanztest einen einfach umsetzbaren Depotvorschlag entwickelt. Sie können damit ihr ETF-Depot an der Wirtschaftskraft der Länder ausrichten.

Der Vorteil des Vorschlags, der auf Seite 96 grafisch dargestellt ist, liegt darin, dass er ohne Radikalumbau auskommt. Sie können vielmehr vorhandene Fonds auf den MSCI World ACWI als Basis nehmen oder ergänzen. Das am BIP orientierte Depot gibt die Wirtschaftskraft nicht nur der Emerging Markets, sondern auch von Deutschland, Großbritannien und Frankreich recht gut wieder, obwohl es nur vier ETF enthält.

Über eines sollten sich Anleger, die von den Weltaktienindizes abweichen, jedoch im Klaren sein: Es gibt keine Garantie dafür, dass ihr Depot besser abschneidet als der Index, von dem sie sich entfernen. Das gilt auch für die Idee der Ländergewichtung nach BIP. Niemand kann vorhersagen, ob sich etwa der Börsenwert chinesischer Aktien langfristig dem der US-amerikanischen annähern wird. Ebenso wenig ist absehbar, welchen Einfluss politische Entscheidungen auf die Aktienmärkte haben.

Wirtschaftsdynamik ist nicht alles, was für Anlegende zählt

Generell ist außerdem zu bedenken, dass eine stärkere Wirtschaftsdynamik keine Gewähr für steigende Aktienkurse bietet. Das Börsengeschehen ist niemals nur von einen einzigen Faktor abhängig. Hinzu kommt: Kurz- und mittelfristige Effekte können die langfristigen Gesetzmäßigkeiten überlagern und manchmal sogar überdecken oder temporär sogar außer Kraft setzen.

Zudem gibt es derzeit viele Unwägbarkeiten. So sind die langfristigen wirtschaftlichen Folgen von Covid 19 oder dem Angriff Russlands auf die Ukraine nicht absehbar. Grundsätzlich gilt: Der Anteil der Schwellenländer im Portfolio sollte 20 Prozent des gesamten Aktienanteils oder Renditebausteins nicht übersteigen, selbst wenn dieser in einem breit anlegenden ETF steckt.

In Technologie investieren

Die Tech-Branche ist Motor eines langjährigen Aktienbooms. Sollten Anlegerinnen und Anleger jetzt noch auf Aktien wie Apple, Microsoft und Nvidia setzen?

Erfahrene Anlegende erinnern sich noch gut an die Börseneuphorie um die Jahrtausendwende und an die damit verbundene Technologieblase. In dieser Zeit erlebten Aktien von Unternehmen, die mit dem Internet zu tun hatten, einen beispiellosen Höhenflug. Diese irrationalen Kurssteigerungen führten schließlich zu einem dramatischen Marktzusammenbruch zum Beispiel am „Neuen Markt".

Wer sich diese Historie vor Augen führt, erkennt, warum es sinnvoll ist, bei Tech-Aktien die aktuellen Marktbedingungen zu analysieren sowie Parallelen und Unterschiede zur damaligen Situation zu erkennen. Dies hilft dabei, eine fundierte Entscheidung zu treffen, ob und wie man mit vertretbarem Risiko in die Technologiebranche investieren kann.

Für Anlegerinnen und Anleger, die sich auf die Tech-Branche fokussieren möchten, ohne sich intensiv mit den Geschäftsmodellen und Jahresabschlüssen der einzelnen Unternehmen auseinandersetzen zu müssen, bieten sich ETF auf Technologie-Indizes an. Eine passende Option in diesem Bereich ist vor allem der MSCI World Information Technology Index.

Dieser Index umfasste Ende 2023 genau 156 führende IT-Unternehmen und wird von Schwergewichten wie Apple, Microsoft und Nvidia dominiert, die zusammen mehr als die Hälfte des Indexwertes ausmachen. Die weiteren Unternehmen im Index sind eine vielfältige Mischung aus Mikrochip-Produzenten, elektronischen Zahlungsdienstleistern, Datenlieferanten sowie Software- und Hardwareanbietern.

Schwerpunkt Industrieländer

Zu beachten ist, dass dieser Index ausschließlich Aktien aus Industrieländern enthält. Fast 90 Prozent der enthaltenen Firmen sind in den USA ansässig. Wichtige Branchenunternehmen aus Schwellenländern fehlen, beispielsweise Taiwan Semiconductor, ein weltweit führender Mikrochipproduzent. Auch die bekannten Internetfirmen wie Alphabet (Google) und Meta (Facebook, Instagram, WhatsApp) findet man in diesem Index nicht, da sie von MSCI in anderen Indizes geführt werden.

Die Zuordnung von Unternehmen zu bestimmten Branchen folgt manchmal anderen Regeln, als man es vielleicht erwarten würde. Tech-Gigant Amazon beispielsweise

Kalenderjahrrenditen im Vergleich

Die Jahresrenditen der IT-Branche, hier vertreten durch den MSCI World Information Technology, übertreffen den Welt-Index MSCI World oft deutlich.

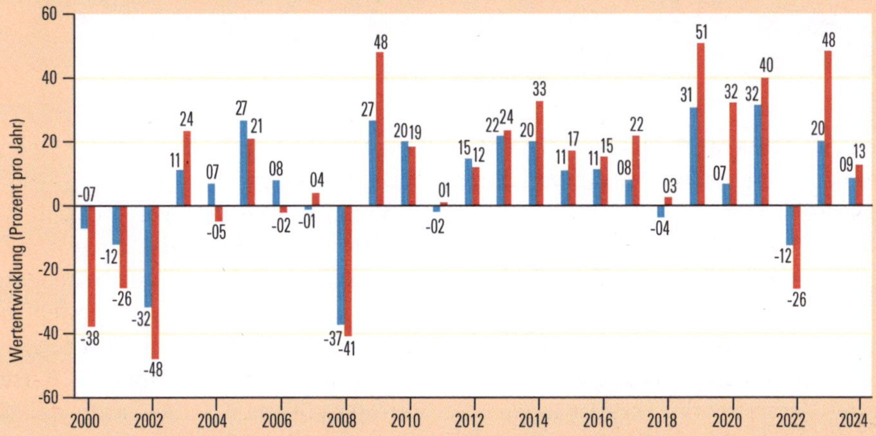

Quelle: Refinitiv, eigene Berechnungen Stand: 28.03.2024

zählt bei MSCI zu den Unternehmen des Konsumgütersektors und ist daher im MSCI World Consumer Discretionary Index vertreten – zusammen mit Automobilherstellern, Sportartikelproduzenten und Baumarktketten. Dies mag überraschen, insbesondere da die profitablen Cloud-Dienste von Amazon Web Services, kurz AWS, im Geschäftsjahr 2022 für etwa ein Fünftel des Umsatzes und den gesamten operativen Gewinn verantwortlich waren.

Die Bedeutung der IT-Branche hat in den vergangenen zwei Jahrzehnten enorm zugenommen.

Alphabet und Meta Platforms sind im Branchenindex MSCI World Communication Services gelistet. Dieser Index umfasst Stand Ende 2023 neben Telekommunikationskonzernen wie Verizon und T-Mobile US auch Unternehmen wie Disney und Netflix. Für die genannten Branchenindizes gibt es ebenfalls ETF-Angebote, die Anlegern eine breite Diversifikation ermöglichen.

Trotz zwischenzeitlicher Kursverluste können Unternehmen aus der IT-Branche auf beeindruckende Renditen zurückblicken. Ein direkter Vergleich mit der Dotcomblase von 2000, die in Deutschland vor allem den „Neuen Markt" betraf, ist daher nicht angebracht. Damals waren viele der betroffenen Firmen kaum mehr als Luftnummern, und selbst bei den Unternehmen mit Substanz hatte sich die Kursentwicklung oft völlig von den wirtschaftlichen Realitäten entkoppelt.

Die Bedeutung der IT-Branche hat in den vergangenen zwei Jahrzehnten enorm zugenommen, was ihre Dominanz in den Börsenindizes erklärt. Dennoch sollten Anleger vorsichtig bleiben. Nach klassischen Bewertungsmaßstäben sind IT-Aktien zum

Stichtag 31. Dezember 2023 ziemlich teuer. Dies betrifft beispielsweise das Verhältnis des Börsenwerts zum jährlichen Gewinn oder zum Buchwert eines Unternehmens.

Mit einem ETF auf den MSCI World Information Technology können Anleger auf die Zukunft der Technologieaktien setzen, in der Hoffnung, dass sie besser abschneiden als der Gesamtmarkt. Dies ist zweifellos reizvoll, aber auch mit Risiken verbunden.

Der wertvollste Tech-Konzern und größte Einzelwert im Index war lange Apple. Der Riese aus Cupertino hat Mitte 2023 die beeindruckende Marke von drei Billionen US-Dollar (damals circa 2,8 Billionen Euro) Börsenwert erreicht und war Ende Dezember 2023 gut 2,7 Billionen Euro wert. Im Vergleich dazu brachten es die 40 Unternehmen im Dax Ende 2023 zusammen auf einen Börsenwert von rund 1,2 Billionen Euro.

Es ist eine berechtigte Frage, ob das US-Unternehmen eine derart hohe Börsenbewertung rechtfertigt. Angesichts seiner überragenden Marktposition, seiner Innovationskraft und der großen weltweiten Fangemeinde ist die Kursentwicklung jedoch nachvollziehbar.

Ähnliches lässt sich über Microsoft, lange die Nummer zwei im Index, sagen, das in seinem Geschäftsfeld nahezu unangreifbar erscheint. Beide Konzerne konnten ihre Stellung in der Corona-Krise ausbauen. Ende 2023 hatte Microsoft Apple im Börsenwert sogar überholt. Seither liefern sich beide ein Kopf-an-Kopf-Rennen.

Doch gerade bei Tech-Aktien gilt: In den aktuellen Aktienkursen sind bereits hohe Erwartungen an die Geschäftsentwicklung eingepreist. Werden diese nicht erfüllt, sind negative Überraschungen wahrscheinlich. Selbst kleine Rückschläge in den Quartalsberichten können zu starken Kursrutschen führen. Hinzu kommt, dass IT-Unternehmen oft keine oder nur geringe Dividenden zahlen. Die Dividendenrendite des MSCI World Information Technology lag 2023 bei 0,46 Prozent, während sie im MSCI World um circa einen Prozentpunkt höher ist. Unterm Strich lagen die Tech-Aktien aber mit einer doppelt so hohen Performance vorn.

Die Zusammensetzung des Nasdaq 100 spricht Anlegerinnen und Anleger an, die bei Technologie auch an Unternehmen wie Amazon, Facebook und Google denken. Der Index umfasst alles, was im Internetbereich Rang und Namen hat. Trotz des Fokus auf die Vereinigten Staaten bietet der Nasdaq 100 eine interessante Alternative für Anleger, die eine breite Palette an Technologieunternehmen in ihrem Portfolio haben möchten.

Top 10 Nasdaq 100

Sektor (Gewicht %)	Titel	Gewicht (%)
IT (49,8)	Microsoft	8,8
	Apple	7,4
	Nvidia	6,6
	Broadcom	4,5
	Weitere	22,5
Kommunikation (15,6)	Meta	4,9
	Alphabet A	2,5
	Alphabet C	2,4
	Weitere	5,8
Konsum, zyklisch (12,9)	Amazon	5,2
	Tesla	2,3
	Weitere	5,4
Konsum, Basis (6,4)	Costco Wholesale	2,3
	Weitere	4,0
Weitere Branchen	Weitere	15,1

Top 10 MSCI World Information Technology

Sektor (Gewicht %)	Titel	Gewicht (%)
IT (100)	Microsoft	19,1
	Apple	18,5
	Nvidia	12,8
	Broadcom	3,8
	ASML	2,5
	Salesforce	2,0
	Adobe	1,7
	Accenture	1,5
	Cisco Systems	1,3
	Advanced Micro Devices	1,0
	Weitere	35,9

Stand: 29.02.2024

Anlegende sollten auch bedenken, dass eine Kombination eines klassischen Welt-ETF mit einem ETF auf die IT-Branche teilweise zu Überschneidungen führen kann, da große IT-Unternehmen wie Apple und Microsoft bereits in den breiten Weltindizes mit hohem Gewicht vertreten sind.

Wer dieses Klumpenrisiko verringern möchten, könnte einen ETF auf den US-Index Nasdaq 100 wählen. Er enthält neben den großen IT-Konzernen auch viele Firmen aus anderen Branchen, wodurch eine breitere Diversifikation erreicht wird.

Zwar dominieren auch hier die Top-10-Aktien mit einem Anteil von über 50 Prozent, aber Unternehmen wie Apple und Microsoft sind weniger stark gewichtet als im globalen IT-Index von MSCI. Der Nasdaq 100 ist nicht nur ein Technologie-Index, sondern enthält auch Werte aus dem Biotech-Sektor sowie Softdrink-Konzerne, Kaffeespezialisten und Einzelhandelsketten.

In Elektromobilität investieren

Aktien im Bereich E-Mobilität boomen. Für Anlegerinnen und Anleger, die gezielt in diese Branche investieren wollen, stellen wir die wichtigsten E-Mobilitäts-ETF vor.

In Norwegen findet auf den Straßen eine stille Revolution statt: Rund 80 Prozent der im Jahr 2023 neu zugelassenen Pkw waren Elektroautos, angeführt vom Tesla Model Y als Spitzenreiter. Deutschland fährt bei dieser Entwicklung noch hinterher, mit nur etwa 25 Prozent E-Auto-Zulassungen im gleichen Zeitraum.

Trotz Herausforderungen wie begrenzter Reichweite und einer noch ausbaufähigen Ladeinfrastruktur wird deutlich, dass die Zukunft der Mobilität wahrscheinlich nicht den Verbrennerfahrzeugen gehört. Umweltziele und strengere Emissionsvorschriften zwingen neben den Herstellern auch die Käuferinnen und Käufer zum Umdenken.

Anlegende, die vom Trend zur Elektromobilität profitieren möchten, haben oft Aktien wie die von Tesla im Blick. Obwohl Tesla bis Ende 2023 seinen Höchstkurs vom November 2021 nicht wieder erreichen konnte, lag sein Börsenwert Ende Dezember 2023 immer noch bei beeindruckenden 715 Milliarden Euro – zum Vergleich: Die kombinierten Börsenwerte der größten deutschen Automarken VW, Mercedes, BMW und Porsche beliefen sich zu diesem Zeitpunkt auf etwa 217 Milliarden Euro. Mit rund zwei Millionen verkauften Fahrzeugen weltweit im Jahr 2023 ist Tesla zwar ein Schwergewicht, aber Volkswagen verkaufte im selben Jahr etwa neun Millionen Fahrzeuge, davon 7,5 Prozent Elektroautos.

Dies verdeutlicht, dass der hohe Börsenwert von Tesla vor allem die Erwartungen an eine vielversprechende Zukunft widerspiegelt, die bereits jetzt an der Börse in den Kurs eingepreist wird. Wer jetzt noch in Tesla investiert, setzt darauf, dass sich diese hohen Erwartungen erfüllen, was mit Unsicherheiten behaftet ist.

Licht und Schatten bei Autoaktien

Ein Blick auf den globalen Aktienmarkt zeigt, dass der MSCI World Index in den letzten fünf Jahren bis Ende Dezember 2023 um fast 90 Prozent zulegte, während sich der Kurs der Tesla-Aktie in der gleichen Zeit verzehnfachte – allerdings begleitet von starken Schwankungen.

Das Beispiel des US-Start-ups Nikola, das den Lkw-Markt mit Batterien und Wasserstoff revolutionieren wollte, zeigt, dass solche Investitionen auch schiefgehen können: Die Aktie fiel von über 60 Euro im Sommer 2020 auf 80 Cent Ende 2023.

Die Drei von der Elektro-Tankstelle

Anlegende, die in E-Mobilität und Batterietechnik anlegen wollen, sollten sich die drei Indizes unten näher anschauen.

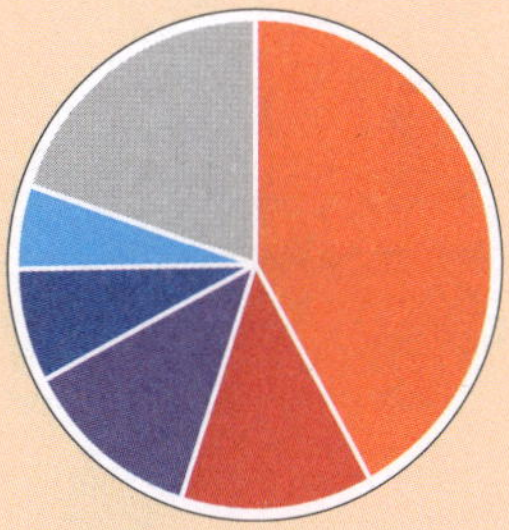

E-Auto im Fokus

Stoxx Global Electric Vehicles

Länder (Prozent)

1	**USA**	42,2
2	**Südekorea**	12,8
3	**Japan**	12,3
4	**Indien**	7,5
5	**Deutschland**	5,6
	Andere Länder	19,6

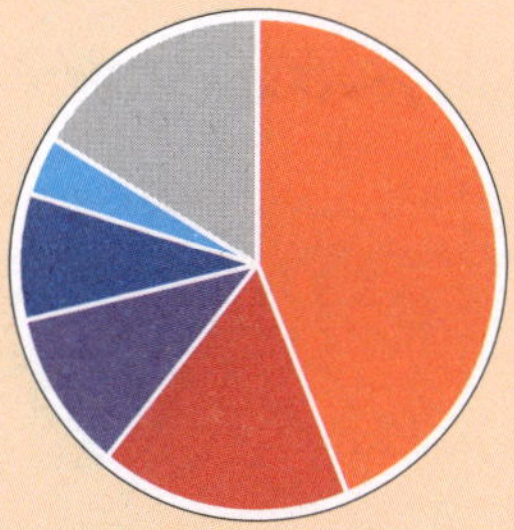

Mobilität neu gedacht

Nasdaq Yewno Global Future Mobility

Länder (Prozent)

1	**Japan**	44,0
2	**USA**	16,8
3	**Südkorea**	10,7
4	**Deutschland**	8,4
5	**China**	3,9
	Andere Länder	16,1

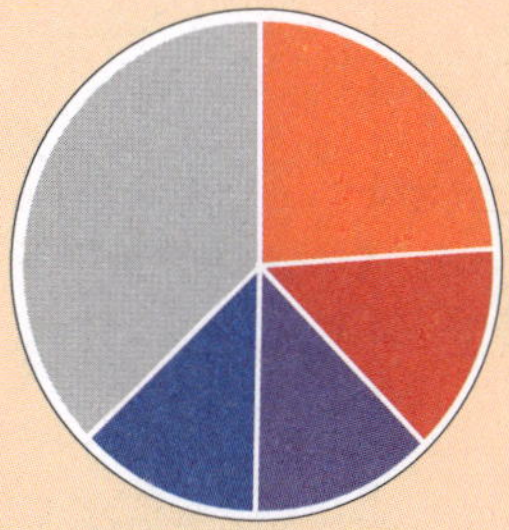

Rund um Batterien

Solactive Battery Value-Chain

Länder (Prozent)

1	**Japan**	24,1
2	**USA**	13,8
3	**Südkorea**	12,5
4	**Australien**	12,4
	Andere Länder	37,2

Quellen: Indexanbieter Stand: 31.12.2023

Für Anlegerinnen und Anleger, die breiter in das Thema Elektromobilität investieren möchten, bieten sich Themen-ETF an. Allerdings existiert in diesem speziellen Bereich kein Finanztest-Siegel „1. Wahl", da eine einheitliche Definition des Marktes für Elektromobilität fehlt. Dies erschwert den direkten Vergleich der Fonds.

Die Indizes zum Thema Mobilität variieren in ihren Ansätzen. Der Stoxx Global Electric Vehicles & Driving Technology ist ein Unterindex des Stoxx Global Market Index und konzentriert sich auf Autohersteller und Zulieferer, insbesondere Technologieunternehmen. Der dazugehörige ETF von iShares (IE00BGL86Z12) bildet diesen Index ab. Er fokussiert sich stark auf Autohersteller, die zwei Drittel der Unternehmen ausmachen, und enthält neben Tesla auch den chinesischen Konkurrenten BYD sowie traditionelle US-Hersteller wie General Motors, Kia und Ford.

Tesla läuft dem Weltmarkt davon

Im Vergleich zu Teslas Kurs sieht der Verlauf des weltweiten Aktienmarkts traurig aus. Die Rendite des MSCI World betrug seit dem Börsengang von Tesla im Jahr 2010 12,5 % pro Jahr, die von Tesla lag bei 43,8 % pro Jahr. Ein früher Einstieg bei Tesla wäre toll gewesen – die weitere Entwicklung ist aber unklar.

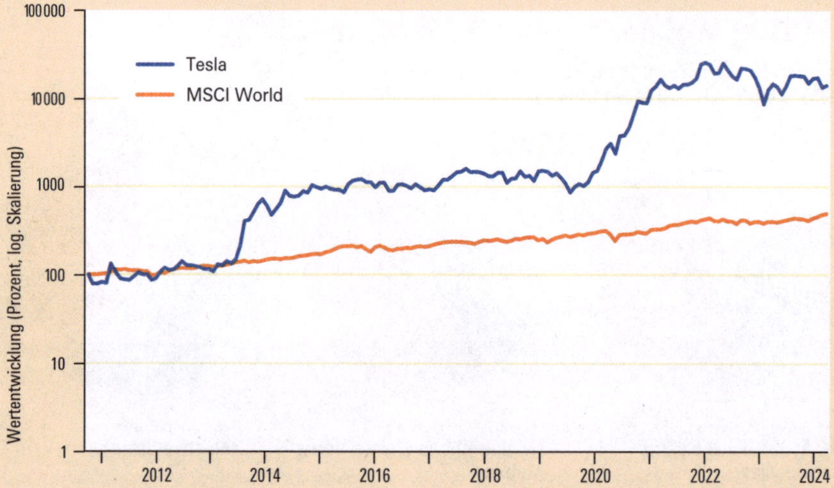

Quelle: Refinitiv, eigene Berechnungen Stand: 28.03.2024

Zulieferfirmen wie Infineon sind ebenfalls vertreten, jedoch nicht bis hin zu Minenunternehmen. Wer sein US-lastiges Portfolio damit diversifizieren möchte, sollte jedoch nach Alternativen Ausschau halten, denn der Index besteht zu mehr als 40 Prozent aus nordamerikanische Titeln.

Übergewicht der USA reduzieren

Der Nasdaq Yewno Global Future Mobility enthält Unternehmen, die sich auf unterschiedliche Aspekte der Mobilität der Zukunft konzentrieren, inklusive E-Mobilität und Technologien für autonomes Fahren. Der Xtrackers ETF (IE00BGV5VR99) bildet diesen Index ab. Hier bildet Japan den Schwerpunkt, was wiederum gute Diversifikationseigenschaften für die von US-amerikanischen Aktien geprägten Depots bedeutet. Aktien aus Japan machen bei diesem Index 44 Prozent der Titel aus.

Der Solactive Battery Value-Chain Index schließlich fokussiert sich auf das Thema Batterien und Rohstoffe, die dafür erforderlich sind. Der dazugehörige ETF von L&G (IE00BF0M2Z96) enthielt Ende 2023 neben Minenunternehmen auch etablierte Automarken wie Mercedes, BMW und Volkswagen. Japanische Aktien und Minenunternehmen, die für die Batterieproduktion benötigte Metalle abbauen, sind mit fast 30 Prozent stark vertreten. Die USA rangieren wie beim Nasdaq Yewno Global Future Mobility mit 22 Prozent an zweiter Stelle.

In Gesundheit investieren

Finanztest hat die wichtigsten Aktienindizes der Gesundheitsbranche unter die Lupe genommen und sagt, für wen sich ETF auf diese Indizes eignen.

Die Biotechnologiefirma Biontech kannten vor 2020 fast nur Spezialisten und Aktienprofis. Dann wurde sie durch die Entwicklung eines Corona-Impfstoffs weltberühmt. Zusammen mit anderen Pharmaunternehmen wie Pfizer, Moderna und AstraZeneca spielte Biontech eine zentrale Rolle bei der Eindämmung der Pandemie.

Normalerweise braucht ein neues Medikament mehrere Jahre, um alle gesetzlichen Testphasen zu durchlaufen. Die Zulassung des Corona-Impfstoffs von Biontech jedoch war innerhalb von weniger als 12 Monaten erfolgt. Dies brachte dem Unternehmen nicht nur erhebliche Gewinne, sondern steigerte auch das Gewerbesteueraufkommen seiner Heimatstadt Mainz erheblich. Biontech machte seiner Postanschrift „An der Goldgrube" alle Ehre.

Solche Erfolge sind in der Pharmabranche die Ausnahme. Die Entwicklung neuer Medikamente ist mit hohen Investitionen und Risiken verbunden. Mehr als 40 Prozent der Versuche scheitern in der entscheidenden Entwicklungsphase 3, was hohe finanzielle Verluste bedeutet. Erfolgreiche Medikamente, sogenannte Blockbuster, sind daher überlebenswichtig für die Unternehmen. Selbst nach erfolgreicher Zulassung eines Medikaments bestehen Risiken. Gelegentlich treten schwerwiegende Nebenwirkungen auf, die zu Schadenersatzklagen führen können. So zahlten Bayer und Johnson & Johnson im Jahr 2019 in einem Vergleich etwa 775 Millionen US-Dollar an 25 000 Kläger im Zusammenhang mit ihrem Blutverdünner Xarelto. Die Kläger waren unter anderem der Ansicht, dass der Hersteller nicht ausreichend vor dem Risiko von Blutungen gewarnt habe. Wichtig: Der Vergleich bedeutet, auch wenn er teuer war, kein Schuldeingeständnis.

Verlässliche Dividendenzahler

Trotz dieser Risiken gilt die Pharmabranche als eher defensive Aktienanlage, da das Geschäft mit Gesundheit auch in wirtschaftlich schwierigen Zeiten läuft. Viele der größten Pharmakonzerne sind zudem für stabile Dividendenzahlungen bekannt.

Für Anlegerinnen und Anleger, die in dieses Gebiet investieren möchten, bieten ETF eine Möglichkeit, die Pharmabranche in ihr Portfolio zu integrieren. Wir stellen hier drei Indizes vor, mit denen Anleger in die Gesundheits- und Biotechnologiebranche in-

Der Gesundheitssektor im Vergleich mit dem breiten Markt

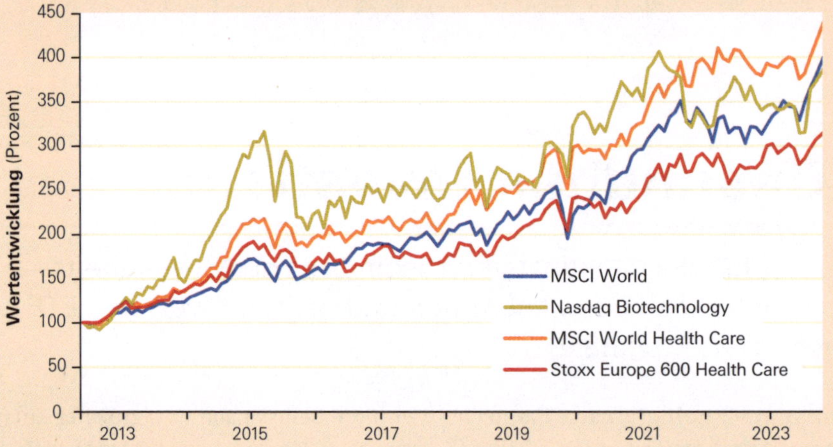

Quelle: Refinitiv, eigene Berechnungen Stand: 19.03.2024

vestieren können: den MSCI World Health Care, den Stoxx Europe 600 Health Care und den Nasdaq Biotechnology. Diese Indizes umfassen nicht nur Pharmaunternehmen, sondern auch Firmen aus anderen Bereichen wie Medizintechnik und Diagnostik. Für jeden dieser Indizes gibt es mehrere ETF, die das Finanztest-Siegel „1. Wahl" tragen und sich somit für eine Anlage in den entsprechenden Markt eignen.

Drei Pharma-Indizes im Vergleich

Der MSCI World Health Care bietet einen guten Querschnitt durch die globale Gesundheitsbranche, allerdings ohne die Schwellenländer zu berücksichtigen. Neben Pharmaunternehmen sind auch Versicherungsanbieter, Herzschrittmacherhersteller und Labortechnikfirmen vertreten.

Der europäische Gesundheitsindex Stoxx Europe 600 Health Care umfasst die wichtigsten europäischen Gesundheitskonzerne, darunter auch Brillenhersteller und Diagnostikunternehmen.

Der Nasdaq Biotechnology schließlich konzentriert sich auf US-amerikanische Biotech-Unternehmen, die oft von wenigen Produkten abhängen und hohe Geschäftsrisiken aufweisen, jedoch die Chance auf die Entwicklung von Blockbustern bieten.

Zusammenfassend lässt sich sagen, dass trotz der Aufmerksamkeit, die Pharmaunternehmen seit der Corona-Pandemie erhalten, ihre Aktienkurse nicht so stark gestiegen sind wie die von Technologieunternehmen. Auf Fünfjahressicht hinkt die Gesundheitsbranche sogar hinter dem breiten Aktienmarkt her.

Langfristig jedoch zeigt sich ein anderes Bild: Die Daten für den MSCI World Health Care reichen bis 1995 zurück und zeigen, dass die Gesundheitsaktien im Durchschnitt besser abschnitten als der Gesamtmarkt, und das bei geringeren Wertschwankungen. Ob die Pharmabranche ihrem Ruf als Zukunftsbranche gerecht wird, bleibt jedoch abzuwarten. Die Vergangenheit ist wie immer kein Garant für die Zukunft.

Risiken und Nebenwirkungen

Die drei abgebildeten Indizes unterscheiden sich hinsichtlich geografischer und inhaltlicher Ausrichtung. Es gilt: Je spezieller, desto riskanter.

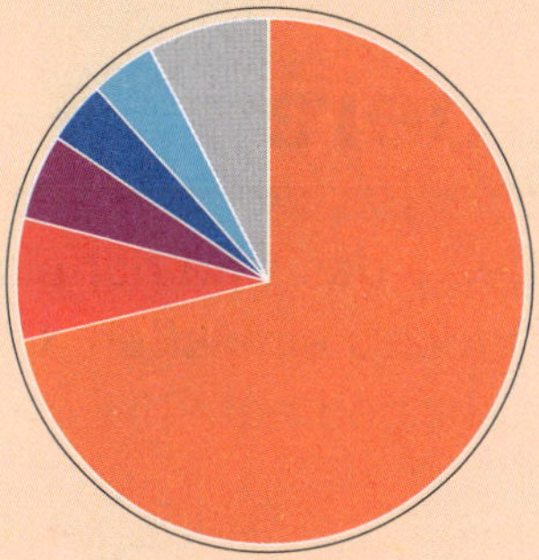

MSCI World Health Care

Die größten Pharmafirmen der Welt

Länder (Prozent)

1	USA	71,6
2	Schweiz	7,4
3	Dänemark	5,2
4	Vereinigtes Königreich	4,1
5	Japan	4,1
	Andere Länder	7,6

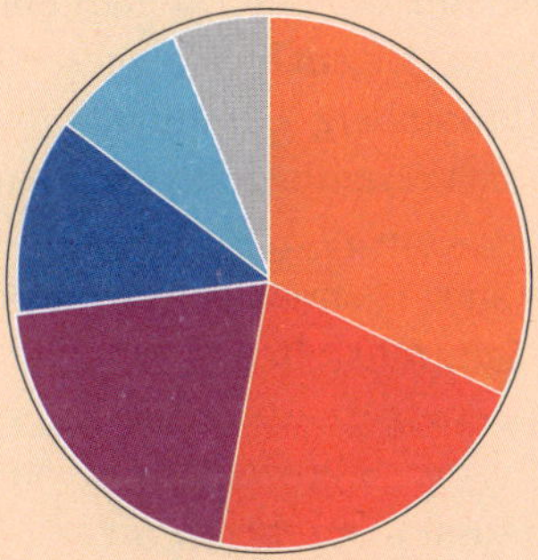

Stoxx Europe 600 Health Care

Auf europäische Unternehmen setzen

Länder (Prozent)

1	Schweiz	32,1
2	Dänemark	21,1
3	Vereinigtes Königreich	19,9
4	Frankreich	12,1
5	Deutschland	8,6
	Andere Länder	6,2

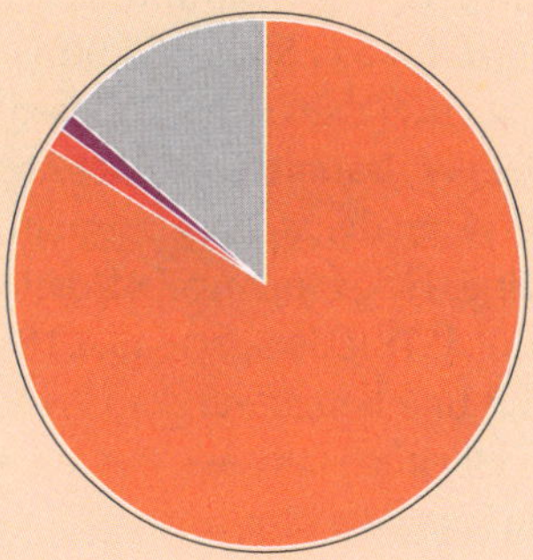

Nasdaq Biotechnology

Riskante Wette auf Innovationen

Länder (Prozent)

1	USA	83,8
2	Irland	1,4
3	Deutschland	1,1
	Andere Länder	13,7

Quellen: Indexanbieter Stand: 31.12.2023

In Rohstoffe investieren

Öl, Kupfer, Silber, Rindfleisch und Kaffee – das sind nur einige Bestandteile, deren Preise in Rohstoffindizes einfließen. Das Investment in sie lohnt sich aber nur sehr bedingt.

Rohstoffe sind eine eigene Anlagekategorie. Ihre Wertentwicklung ist meist moderat mit Aktienmärkten korreliert, sie können ein breit aufgestelltes Depot mit Aktienfonds und Zinsanlagen ergänzen. Wir empfehlen, dass sämtliche Beimischungen am Aktienanteil maximal 20 Prozent ausmachen. Je riskanter die Beimischung, desto geringer sollte ihr Anteil sein. Wer außer Weltfonds noch in Schwellenländerfonds oder Dax-ETF investiert, kann Rohstoffe zu fünf Prozent beimischen.

2023 war allerdings kein gutes Jahr für Rohstoff-ETF: Um 11 Prozent hat der Bloomberg Commodity Index im vergangenen Jahr nachgegeben. Dieser Index liegt vielen Rohstoff-ETF zugrunde oder dient ihnen als Messlatte. Auch über fünf und 10 Jahre gab es damit weniger Rendite als mit Welt-Aktienfonds (Stichtag 31. Dezember 2023).

Wer in Rohstoffe investieren will, fragt sich, ob ein Rohstoff-ETF sinnvoll ist. Nach unserer Analyse sind die Vorteile einer Rohstoffbeimischung über einen längeren Zeitraum überschaubar. Anleger konnten das Rendite-Risiko-Verhältnis in ihrem Depot damit nicht verbessern. Zwar ließ sich die Volatilität – die Schwankungsanfälligkeit – ein wenig senken, doch die Renditen waren in vielen Zeiträumen niedriger als mit einem reinen Aktieninvestment.

Die von uns betrachteten Rohstoff-ETF beziehen sich auf breit aufgestellte Indizes. Der Bloomberg Commodity Index etwa setzt sich zusammen aus Energierohstoffen, Industriemetallen wie Aluminium, Kupfer oder Zink, Edelmetallen sowie verschiedenen Agrarrohstoffen.

Die Energie hatte Ende 2023 einen Anteil von knapp 28 Prozent, Agrarrohstoffe machen zusammen ebenso viel aus. Edelmetalle folgten mit 23 und Industriemetalle mit 16 Prozent. Die ETF L&G All Commodities (IE00BF0BCP69) und iShares Diversified Commodity Swap (IE00BDFL4P12) zum Beispiel beziehen sich auf diesen Index.

Der Fondsanbieter Market Access hat einen ETF auf den Rogers International Commodities Index im Angebot, den Market Access RICI ETF (LU0249326488). Hier nehmen Öl, Gas und Benzin rund 40 Prozent ein.

Es gibt auch Indizes ohne Agrarrohstoffe. Diese kommen für alle Anlegenden infrage, die nicht in die Spekulation mit Nahrungsmitteln investieren wollen. Sie sind aber oft noch energielastiger, was aus Umweltge-

Diese Rohstoffe bildet der Bloomberg Commodity Index ab

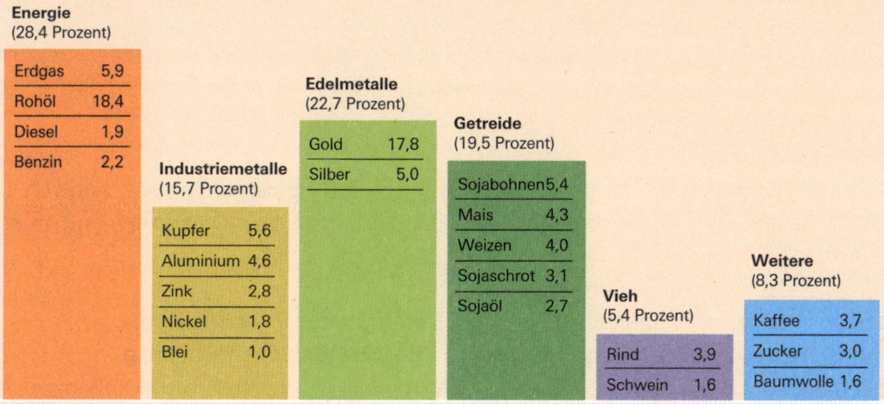

Quelle: Bloomberg, Zielgewichtung für 2023

sichtspunkten wegen fossiler Brennstoffe problematisch sein kann.

Außerdem sind die oft beschriebenen negativen Effekte der Nahrungsmittelspekulation nicht wirklich belegt. Die Futures, mit denen die Fonds arbeiten, dienen ja nicht nur zur Spekulation, sondern auch zur Absicherung: Bauern können sich damit künftige Verkaufspreise sichern, was existenziell wichtig für sie sein kann. Für ein Absicherungsgeschäft braucht es aber immer zwei: den Bauern, der sich vor einem Preisverfall schützen möchte, und den Spekulanten, der auf steigende Preise setzt. Es können beide Seiten profitieren.

Keine Lebensmittel-Investments

Wen das nicht überzeugt, der oder die kann Agrarrohstoffe durch die Wahl des passenden ETF ausschließen:

- Der Index Bloomberg Commodity ex-Agri & Livestock Capped zum Beispiel bestand Ende 2023 zu 43 Prozent aus Energie, dazu kamen rund 29 Prozent Edel- und 28 Prozent Industriemetalle. Ein dazu passender ETF ist der Invesco Bloomberg Commodity ex-Agriculture (IE00BYXYX521).
- Die ETF des Fondsanbieters UBS beziehen sich auf hauseigene Indizes. Einen Index mit 31 Prozent Agrar und 33 Prozent Energie bildet der UBS CMCI Composite (IE00B53H0131) ab. Auch UBS hat eine nahrungsmittelfreie Variante: Der Anteil von Industriemetallen beträgt im UBS CMCI ex Agriculture (IE00BZ2GV965) 48 Prozent, Energie liegt bei 38 Prozent.
- Die für die Transformation der Wirtschaft wichtigen seltenen Erden – Metalle, die für Zukunftstechnologien gebraucht werden – sind in den genannten Indizes nicht enthalten. Von Wisdom Tree gibt es den ETC Wisdom Tree Energy Transition Metals, der auf die Preise dieser Rohstoffe setzt (Isin XS2425848053). Und Vaneck bietet mit dem Vaneck Rare Earth and Strategic Metals (IE0002PG6CA6) einen Aktien-ETF zum Thema.

Ein weiterer Grund, warum Rohstofffonds kein ethisches Investment sind, sind die Arbeitsbedingungen in den Minen. Da Anleger allerdings keine Aktien kaufen, sondern auf Preisentwicklungen setzen, sind sie mit ihrem Geld nicht direkt involviert. Aber das ist nur ein schwacher Trost.

Wer Rohstoff-ETF kaufen möchte, sollte beachten: Die in den Medien gezeigten Spotpreise, etwa der Ölpreis in den Nachrichten, sind nicht die, die Käuferinnen und Käufer eines Rohstoff-ETF bekommen. Die Fonds bilden nicht die Marktpreise ab.

Das geht deswegen nicht, weil die ETF-Anbieter die Rohstoffe dann tatsächlich kaufen und lagern müssten. Stattdessen greifen sie auf Futures zurück, also Terminkontrakte. Das funktioniert ähnlich wie die Buchung einer Reise: Sie zahlen sofort, geliefert wird später. Doch während Sie die gebuchte Urlaubsreise tatsächlich gerne antreten möchten, wollen Sie die Rohstoffe auf keinen Fall geliefert bekommen. Was auch tun mit 1000 Barrel Rohöl oder 10 Tonnen Stahl? Da müssen Sie umbuchen und die Lieferung auf später verschieben. Das funktioniert beliebig oft.

In der Praxis wird daher kurz vor Fälligkeit der Terminkontrakt auf den entsprechenden Rohstoff verkauft und mit dem Geld ein später fälliger Terminkontrakt erworben. Dafür fallen erstens Gebühren an, und zweitens kann es sein, dass der später fällige Terminkontrakt günstiger oder teurer ist. Die Profis sprechen von Rollgewinnen oder -verlusten. Diese werden von den Anbietern an die Anlegerinnen und Anleger weitergereicht.

Rollgewinne optimieren, Rollverluste minimieren

Manche ETF versuchen, das Rollen zu optimieren, indem sie zum Beispiel die Laufzeiten und Kaufzeitpunkte der Futures je nach Marktlage variieren. Dann fallen die Rollverluste meist geringer aus. Allerdings geht die Optimierungsstrategie nur auf, wenn es tatsächlich Rollverluste gibt. In manchen Marktphasen kommt es, wie schon gesagt, zu Rollgewinnen – die können dann ebenfalls geringer ausfallen.

Den Preis eines Terminkontrakts beeinflussen unterschiedlichste Faktoren, zum Beispiel das Wetter oder politische Unruhen. Um das Risiko in Grenzen zu halten, sollten Sie keinen Einzelrohstoff wählen, sondern eher mit einem ETF auf breite Rohstoffindizes setzen, etwa auf den UBS Bloomberg CMCI Composite (zum 31. Dezember 2023 einziger Fonds mit fünf Punkten, IE00B53H0131).

Wer Agrarrohstoffe ausschließen will, hat die Wahl zwischen drei Fonds mit vier Punkten: dem BNP Easy Energy & Metals Enhanced Roll Ucits ETF Cap (LU1291109616), dem auf Euro lautenden Bruder BNP Easy Energy & Metals Enhanced Roll Ucits ETF EUR Cap (LU1291109616) und dem UBS CMCI Ex-Agriculture SF Ucits ETF USD A-acc (IE00BZ2GV965).

Energiesektor: Rohstoffpreis- sowie Energie-Aktien-Indizes im Vergleich

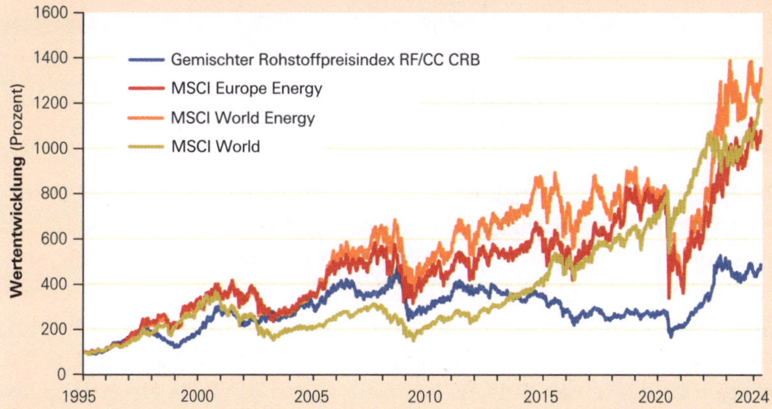

Quelle: Refinitiv, eigene Berechnungen Stand: 18.03.2024

Die von uns untersuchten Rohstoff-ETF bilden einen Index ab. Anleger und Anlegerinnen setzen damit auf die Preisentwicklung von Rohstoffen. Die Fonds jedoch bilden die Rohstoffindizes künstlich per Swap ab. Das bedeutet, sie kaufen für das Fondsportfolio statt der Rohstoffe entweder Aktien oder Anleihen, die mit Rohstoffen meist wenig oder gar nichts zu tun haben.

Der Tausch (Swap) sorgt dafür, dass sich der ETF genauso entwickelt wie der Rohstoffindex. Denn die Gegenpartei des Swap-Geschäfts, oft eine Bank, sichert dem Fonds zu, dass er genau die Wertentwicklung des Index bekommt. Im Gegenzug erhält die Gegenpartei die Wertentwicklung der Aktien oder Anleihen.

Anlegerinnen und Anleger, die auf weiter steigende Preise hoffen, haben neben Rohstoff-ETF, die einen Index auf Rohstoffpreise abbilden, auch andere Produkte zur Auswahl. Eine alternative Möglichkeit, in Rohstoffe zu investieren, sind ETC – Exchange Traded Commodities, auf Deutsch: börsengehandelte Rohstoffe.

In einzelne Rohstoffe investieren

Mit ETC lässt sich – anders als mit Rohstoff-ETF – auf einzelne Rohstoffpreise spekulieren, etwa nur auf Gold, nur auf Silber oder auf Edelmetalle insgesamt. Man kann auf Rohöl wetten, auf Gas, auf Energie generell. Es gibt ETC auf einzelne Industriemetalle wie Kupfer, Blei oder Zink oder einen Korb von Industriemetallen. Auch für Baumwolle oder Nahrungsmittel wie Schweinehälften, Mais, Soja oder Weizen gibt es eigene ETC.

Das ist jedoch ungleich riskanter als ein Mix. Und auch wenn die Bezeichnung ETC der Abkürzung ETF sehr ähnelt, gibt es einen wichtigen Unterschied: ETF, Exchange Traded Funds, sind Sondervermögen. Was im Fondsportfolio liegt, ist bei einer Pleite des Fondsanbieters geschützt. ETC dagegen sind Zertifikate oder Schuldverschreibungen. Sie fallen bei einer Pleite des Herausgebers in die Insolvenzmasse. Ein höheres Maß an Sicherheit besteht für Anleger, wenn die Anbieter der ETC physische Rohstoffe hinterlegen. Das ist bei Gold-ETC oft der Fall, bei anderen Rohstoffen eher nicht.

Silber und Gold im Vergleich

Silber hat als Edelmetall einiges mit Gold gemeinsam, es gibt aber auch wichtige Unterschiede. Dominiert beim Gold mit mehr als 50 Prozent der Einsatz als Schmuckmetall, so findet Silber im selben Umfang als Industrierohstoff seinen Einsatz. Das bedeutet: Schrumpft die Wirtschaft, nimmt auch der industrielle Bedarf an Silber ab.

Silber ist pro Unze deutlich billiger als Gold. Der Goldpreis schwankte von 1998 bis 2018 zwischen dem 40- und dem 80-Fachen des Silberpreises. Seit 2018 brach er mehrfach aus diesem Korridor aus, und zwar nach oben. Manche sehen darin ein Zeichen dafür, dass Silber unterbewertet sei. Auf den Silberpreis hatte das noch keinen Effekt.

Was die Wertentwicklung betrifft, so enttäuschte Silber in den letzten zehn Jahren im Vergleich zu Gold. Während Gold Stand Ende 2023 um mehr als 100 Prozent zulegte, blieb Silber bei rund 40 Prozent Plus. Das heißt nicht, dass für Spekulantinnen und Spekulanten mit Silber kein Geld zu verdienen war, es kam eben aufs Timing beim Ein- und Ausstieg an. Während der Covid-Pandemie zum Beispiel war zwischen März und August 2020 eine Verdoppelung drin.

Platin und Palladium

Der Markt der weißen Edelmetalle birgt noch zwei weitere, sehr unterschiedliche Erfahrungen: eine Enttäuschung bei Platin und eine Überraschung bei Palladium. Zuerst zum Industriemetall Platin: Die Abhängigkeit von der Automobilwirtschaft macht dem Metall, das vor allem in Katalysatoren zu finden ist, zu schaffen. Der Übergang vom Verbrenner zum Elektroantrieb trägt dazu bei, dass die Nachfrage sinkt. Seit der Platinpreis Mitte 2008 von seinem Höchststand von fast 1500 Euro auf deutlich unter 1000 Euro einbrach, hat er sich nicht dauerhaft wieder erholt.

Bei Palladium lief es mit den Preisen bis Ende 2022 genau umgekehrt. Es hatte seit 2016 deutlich an Wert zugelegt, gab jedoch einen Großteil des Gewinns 2023 wieder ab. Auch dieses Metall wird industriell als Rohstoff verwendet, etwa für Katalysatoren, wo es das Platin ein Stück weit verdrängt hat.

Allerdings funktioniert Palladium nur in Katalysatoren für Benziner, nicht in solchen für Dieselfahrzeuge. Und trotz des günstigeren Platinpreises und der gestiegenen Nachfrage nach Benzinern stellen die Produzenten von Katalysatoren nicht ohne Weiteres auf Platin um, weil dies technisch aufwendig ist und die Beschaffungsmärkte für Platin – Russland, Simbabwe und Südafrika – eine gefährliche Abhängigkeit von mehr oder weniger problematischen Lieferländern erzeugen würden.

Palladiumvorkommen hingegen gibt es auch in den USA und Kanada, die als politisch stabil gelten. Lieferengpässe sind bei diesen Ländern weniger wahrscheinlich. Dieses Beispiel zeigt: Eine Investition in industriell genutzte Edelmetalle ist noch komplexer als die Investition in Gold.

Rohstofffonds keine Alternative

Die älteste Form des Rohstoff-Investments sind aktiv gemanagte Fonds, die Aktien von Öl-, Bergbau- und Minenkonzernen kaufen. Die Entwicklung dieser Rohstoffaktienfonds hängt jedoch nicht nur von den Rohstoffpreisen ab, sondern auch vom Auf und Ab der Aktienmärkte. Rohstoffaktienfonds kaufen Aktien von Energiekonzernen sowie Bergbau- und Minengesellschaften. Es gibt sie als aktiv gemanagte Rohstoffaktienfonds und als Rohstoffaktien-ETF.

Wie sich die Aktien der in den Fonds und ETF enthaltenen Unternehmen entwickeln, hängt von den Rohstoffpreisen ab – aber nicht nur. Die Lage an der Börse wirkt sich ebenso auf die Performance der Fonds aus. Daher bewirken Rohstoffaktienfonds keine so gute Streuung wie Rohstoff-ETF.

Es gab Phasen, in denen der Goldpreis stieg, während die Aktien der Goldminen zurückgingen. Solche Phänomene treten selten auf und sind meist auf spezifische Marktbedingungen oder externe Faktoren zurückzuführen. Selbst wenn der Goldpreis steigt, können steigende Betriebskosten in den Minen, etwa Energiekosten, Arbeitskosten und Materialkosten, die Profitabilität der Minenunternehmen beeinträchtigen.

Daneben können politische Instabilität oder Änderungen in der Regulierung in Ländern, in denen wichtige Minen betrieben werden, Investorinnen und Investoren verunsichern und zu einem Rückgang der Aktienkurse führen, auch wenn der Goldpreis steigt. Manchmal können auch volkswirtschaftliche Bedingungen oder Änderungen in der Marktstimmung dazu führen, dass Investoren Aktien meiden, was sich auch auf Goldminenaktien auswirken kann.

Währungsabsicherung verzichtbar

Da Rohstoffe üblicherweise in US-Dollar gehandelt werden, hat auch die Währungsentwicklung großen Einfluss auf das Ergebnis. In manchen Jahren konnten Euro-Investorinnen und -Investoren bei Rohstoffanlagen vom starken US-Dollar profitieren.

Aber dieser Effekt kann sich auch ins Gegenteil verkehren. Im Jahr 2023 zum Beispiel stieg der Goldpreis in Euro um 9,6 Prozent, auf Dollarbasis um 13,1 Prozent. Ob man deshalb auf eine währungsgesicherte ETF-Variante – genannt Euro hedged – ausweichen sollte, ist jedoch fraglich. Wenn die Anlage langfristig ausgelegt ist, zeigen die Untersuchungen von Finanztest, dass eine Absicherung entbehrlich ist.

Unter test.de/fonds lassen sich die Rohstofffonds nach verschiedenen Kriterien filtern. Die breiteste Mischung bieten Fonds der Gruppe „Rohstoffe Material Welt“. Im Index MSCI World Materials sind zum Beispiel Aktien des Gaseherstellers Linde gelistet sowie die Bergbaukonzerne BHP oder Rio Tinto. Weitere infrage kommende Fondsgruppen sind „Rohstoffe Energie“ mit Aktien von Ölkonzernen, „Rohstoffe Edelmetalle und Industriemetalle“ – darin sind auch Bergbaukonzerne vertreten.

In Spezialthemen investieren

Künstliche Intelligenz, Cannabis, vegane Ernährung, Krypto-Werte: ETF auf Trendthemen können mit Glück viel Gewinn einbringen – aber auch böse floppen.

Die einen jubeln, die anderen graust es vor dieser Technik: Künstliche Intelligenz (KI), so zum Beispiel der Chatbot ChatGPT, der im November 2022 von Open AI vorgestellt wurde, kann Fragen beantworten, Texte verfassen und sogar Hausaufgaben erledigen. Obwohl Fondsmanager wahrscheinlich ChatGPT nicht direkt um Anlagetipps bitten, hat Künstliche Intelligenz im Investmentbereich dennoch Bedeutung erlangt.

Wenn es um Künstliche Intelligenz im Bereich Geldanlage geht, sind zwei Aspekte des Themas zu unterscheiden:

- **Investieren in KI:** Dieser Ansatz umfasst Investitionen in Aktien von Unternehmen, die KI entwickeln oder davon profitieren, wie Google, Microsoft oder Nvidia. Um die Chancen und Risiken dieses Anlagethemas geht es im folgenden Abschnitt.
- **Investieren mit KI:** Hierbei wird der Fondsmanager bei der Titelauswahl durch KI unterstützt oder gar ersetzt.

Für Anlegerinnen und Anleger, die KI in ihre Anlagestrategie integrieren möchten, bieten sich Investments in Unternehmen an, die von KI-Technologien profitieren. Es gibt Fonds, die sich ausschließlich auf KI konzentrieren, andere kombinieren KI mit Themen wie Robotik.

Auch in breiter aufgestellten Technologiefonds ist KI oft ein Bestandteil. Die meisten dieser Fonds sind relativ jung und hatten zeitweise beeindruckende Wertsteigerungen zu verzeichnen. Jedoch litten auch sie unter dem Einbruch der Wachstumstitel seit Anfang 2022 mit zwischenzeitlichen Verlusten von 30 bis 40 Prozent.

Was ist drin in den KI-Fonds?

Vor einem Investment lohnt sich ein Blick auf die im Fonds oder ETF enthaltenen Aktien. Viele investieren in bekannte Unternehmen wie Microsoft, Google, Amazon oder Nvidia, die sich nicht ausschließlich auf KI fokussieren. Open AI, der Entwickler von ChatGPT, ist nicht an der Börse notiert und somit nicht direkt in diesen Fonds enthalten. Open AI wird von großen institutionellen Investoren wie Microsoft finanziert.

Die zweite große Frage im Zusammenhang mit KI und Geldanlage lautet: Werden dadurch bessere Entscheidungen von Fondsmanagern möglich? Die Suche nach

Künstliche Intelligenz sorgt für Kursfantasie

Die Kurven zeigen es: Das Thema Künstliche Intelligenz ist an den Kapitalmärkten nicht erst seit dem Hype um ChatGPT präsent. Auch in den Jahren 2020 und 2021 haben sich die Aktienkurse und damit die ETF-Kurse rasant entwickelt. Teils sind sie noch stärker gestiegen als zuletzt.

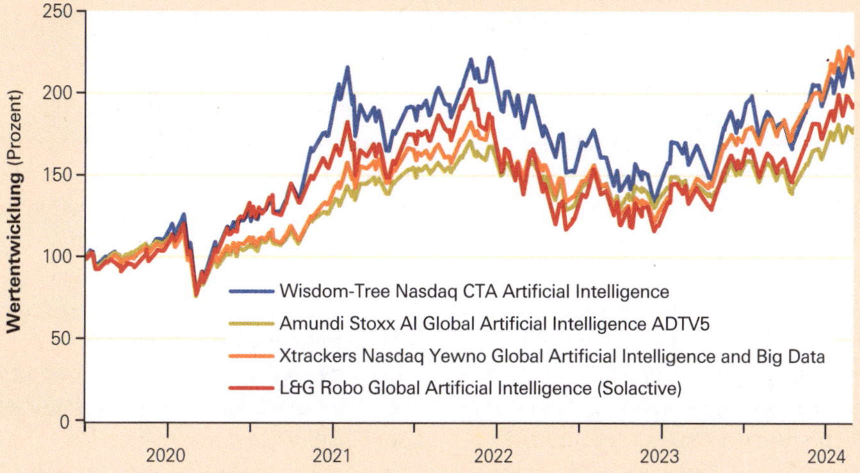

Quelle: Refinitiv, eigene Berechnungen Stand: 18.03.2024

einer Anlagestrategie, die überdurchschnittliche Erträge erzeugt, ist so alt wie die Aktienmärkte selbst. Börsenweisheiten und Smart-Beta-Anlagestrategien, die wir im nächsten Kapitel näher beschreiben, sind gute Beispiele dafür.

ChatGPT analysiert derzeit im Standard keine Marktdaten wie Kurse oder Geschäftszahlen, auch wenn es natürlich möglich ist, es mit Excel-Dateien zu füttern und dann dazu zu befragen. Doch welche Rolle könnte KI in Zukunft in der Investmentwelt spielen? Forscher argumentieren, dass eine überlegene Anlagestrategie nur dann sinnvoll ist, wenn sie rational begründbar ist. Sonst besteht das Risiko, zufällige Muster zu nutzen, die in der Zukunft nicht mehr funktionieren. Ähnliche Herausforderungen könnten auch für KI-Systeme gelten.

Die Bewertung von Aktien basiert in der Regel auf bekannten Faktoren wie Gewinn, Marge, Wachstum, Verschuldung und Marktsituation. Der Spielraum für KI, um über diese Faktoren hinaus Mehrwert zu generieren, könnte begrenzt sein. Zudem sind die Entscheidungsprozesse einer KI oft intransparent. Auch ist bekannt, dass sie mitunter halluziniert, also Daten und Fakten einfach erfindet und im Brustton der Überzeugung als Wahrheit verkauft.

Dieses Black-Box-Problem erschwert das Verständnis, wie ein KI-gemanagter Fonds unter neuen Marktbedingungen performen könnte. Eine gute Vergangenheitsentwicklung ist keine Garantie für zukünftige Erfolge, egal ob bei aktiv verwalteten, faktorbasierten oder KI-gesteuerten Fonds.

Ein weiteres Problem sind Nachahmer: Je populärer eine Strategie, desto geringer oft ihre Rendite. Schon zwei konkurrierende KI-Systeme könnten sich so gegenseitig die Überrendite nehmen.

KI ist allerdings nicht der einzige Trend, mit dem Anlegerinnen und Anleger heute konfrontiert sind. Finanztest hat mehrere Trendthemen anhand typischer Aktien analysiert. Das Ergebnis ernüchtert. Wie die Tabelle auf Seite 117 zeigt, konnten Anlegerinnen und Anleger im ungünstigsten Fall bis zu 99 Prozent des eingesetzten Geldes verlieren. Dieser größtmögliche historische Verlust wäre eingetreten, wenn sie die jeweilige Aktie zum Höchstkurs gekauft und zum Tiefststand veräußert hätten. Völlig unrealistisch ist dieses Szenario nicht.

Das Beispiel Zoom Video

Nehmen wir das Beispiel Zoom Video Communications, ein US-amerikanischer Anbieter von Videokonferenzen. Im ersten Corona-Jahr 2020 schoss der Aktienkurs von etwa 70 auf über 560 US-Dollar nach oben.

Auf den ersten Blick ist die Kursrally zu einem gewissen Grad nachvollziehbar: Allein im April 2020 nahmen gemäß Firmenangaben täglich etwa 300 Millionen Menschen rund um den Globus an Zoom-Konferenzen teil. Ein paar Monate zuvor waren es gerade 10 Millionen. Das entspricht einer Verdreißigfachung der Nutzerbasis.

Doch der Aktienkurs war der Geschäftsentwicklung weit vorausgeeilt. Zeitweise hatte Zoom Video Communications einen Börsenwert von über 100 Milliarden US-Dollar und war damit etwa so teuer wie BASF und Mercedes zusammen. Wohlgemerkt, Zoom ist ein durchaus solides Unternehmen, doch der Kursanstieg war übertrieben, zumal es für Videokonferenzen kein unendliches Wachstum und auch zahlreiche Konkurrenzprodukte gibt, zum Beispiel Microsoft Teams. Ende Dezember 2023 stand die Aktie wieder bei 66 Dollar.

Das Beispiel Beyond Meat

Vorsichtig sollten Anlegerinnen und Anleger auch bei anderen Trendthemen sein, zum Beispiel aus dem Ökobereich. So mag überzeugten Veganern die Zukunft des Fleischersatzproduzenten Beyond Meat rosig erscheinen. Im harten Alltag kämpft das Unternehmen aber mit zig Konkurrenten um Marktanteile. Und die allermeisten Fastfood-Fans verspeisen immer noch eher Produkte aus Rindfleisch als Burger etwa aus Erbsenprotein. Wer sich Mitte 2019 vom Hype um vegane Burger anstecken ließ, stand Ende 2023 bei einem Minus von 96 Prozent nahe am Totalverlust.

Kaum besser lief die Aktie von Oatly, einem schwedischen Produzenten von Getränken auf Haferbasis. Dass die Milchpackungen des Unternehmens in großstädtischen Cafés oft zu sehen sind, garantiert eben noch keinen Erfolg der Aktie.

Nicht zu vergessen das Trendthema Cannabis. Der vermehrte Einsatz im medizinischen Bereich und seine fortschreitende Legalisierung, die 2024 auch Deutschland erreichte, erzeugte einen Kaufrausch von Cannabis-Aktien. Diese waren an den Börsen zeitweise fürstlich bewertet. Die Euphorie

Vorsicht bei Trendaktien

Wir haben spektakuläre Trendthemen anhand typischer Aktien analysiert. Anlegerinnen und Anleger konnten bis zu 99 Prozent des eingesetzten Geldes verlieren, wenn sie die jeweilige Aktie zum Höchstkurs gekauft und zum Tiefststand veräußert hätten. Das bedeutet nicht, dass Trendthemen immer floppen, aber es zeigt die Gefahr auf.

Name	Rendite (Prozent pro Jahr)		Maximaler Verlust [1] (Prozent)	Börsenwert (Millionen Euro)
	5 Jahre	1 Jahr		
Trendthema Alternative Ernährung				
Beyond Meat	–	–41,3	–97	639
Oatly	–	–50,6	–98	610
Trendthema Bildung				
Tal Education	–15,3	105,3	–96	6684
Trendthema Cannabis				
Canopy	–62,6	–86,0	–99	277
Tilray	–53,2	–40,1	–98	1218
Trendthema Fitness				
Peloton	–	–65,7	–97	1457
Trendthema Payment				
Paypal	–8,3	–19,7	–80	59759
Trendthema Videokonferenzen				
Zoom Video	–	–7,1	–86	17052

Reihenfolge alphabetisch. – = Aktie ist nicht alt genug.
1) Maximaler Verlust = Stärkster Einbruch seit früherem Hoch.
Quelle: Refinitiv, eigene Berechnungen Stand: 29.02.2024

währte aber nur kurz, da bisher die großen Geschäftserfolge ausblieben.

Nicht nur Privatanlegerinnen und -anleger, sondern auch Fondsmanager greifen bei gehypten Aktien mitunter zu. So findet sich in so manchen, auch nachhaltigen Portfolios der chinesische Bildungskonzern Tal Education. Was die Investoren nicht auf der Rechnung hatten, war unter anderem die massive Einflussnahme des chinesischen Staates. Die Regierung hatte im Jahr 2021 private E-Learning-Plattformen, ein zentrales Geschäftsfeld von Tal Education, durch rigide Maßnahmen stranguliert. Die bis dahin guten Perspektiven des Unternehmens waren mit einem Schlag Makulatur.

Das Beispiel Paypal

Selbst ein so etabliertes Unternehmen wie Paypal, aus dem modernen Zahlungsverkehr kaum wegzudenken, konnte zum üblen Anlageflop werden. Im Sommer 2021 kostete die Aktie von Paypal noch mehr als 300 US-Dollar, im Oktober 2023 notiert sie bei 61 US-Dollar, also bei einem Fünftel.

Dabei erzielte das Unternehmen 2022 einen Jahresgewinn von über 3,3 Milliarden US-Dollar. Doch 2023 verlangsamte sich das Wachstum, die hohen Erwartungen der Anlegerinnen und Anleger, die mit noch höheren Gewinnen gerechnet hatten, konnten nicht erfüllt werden, sodass der Kurs abstürzte. Trotz der soliden Zahlen konnten Anlegende hier bis Ende Februar 2024 bis zu 80 Prozent Verlust einfahren.

Es ist leider kompliziert und zeitaufwendig, dennoch sollten Anlegerinnen und Anleger vor dem Kauf einer aus ihrer Sicht vielversprechenden Aktie die Geschäftszahlen recherchieren und sich die wichtigsten Kennzahlen kritisch ansehen. Wer sich dazu außerstande sieht, greift besser zu einem breit streuenden Aktien-ETF.

Doch ETF ist nicht gleich ETF. Unter den rund 2000 ETF, die am größten deutschen Börsenplatz Xetra gehandelt werden, gibt es viele, die Trendthemen abbilden und sehr riskant sind. Die Tatsache, dass ETF-Käufer immer in mehrere Aktien investieren, schützt nicht vor hohen Verlusten, wenn die Unternehmen, die der Fonds bündelt, im gleichen Geschäftsbereich tätig sind.

Lohnen sich Cannabis und Bitcoin?

Wer auf Trendthemen aufspringen will, sollte das mit äußerster Vorsicht tun und solche ETF wirklich nur zum kleinen Teil beimischen. So hat der Davy Rize Medical Cannabis and Life Sciences UCITS ETF (Isin IE00BJXRZ273) seit dem Hoch 2021 Stand Dezember 2023 mehr als 70 Prozent an Wert verloren. Der Vertrieb wurde eingestellt.

Der VanEck Crypto and Blockchain Innovators UCITS ETF (IE00BMDKNW35), mit dem man auf den Erfolg von Bitcoin und Co setzen kann, verlor seit Herbst 2021 bis Ende 2023 rund 50 Prozent. Offenbar reift in immer mehr Anlegenden die Einsicht, dass Krypto-Anlagen Investments ohne Substanz sein könnten.

Fondsfamilien helfen bei der Auswahl

Wer mehrere ETF kombiniert, holt sich schnell ein Klumpenrisiko ins Haus. Anlegende sollten daher möglichst unterschiedliche Fonds aus unterschiedlichen Fondsfamilien wählen.

Bereits zu Beginn dieses Kapitels haben Sie die Korrelation als Entscheidungshilfe für Ihre Anlage kennengelernt. In welchem Umfang sich zwei Investments im Gleichlauf oder entgegengesetzt bewegen, lässt sich nicht nur für ganze Märkte oder Anlagekonzepte beziffern, sondern auch für einzelne Fonds.

Hilfreich ist dabei unsere Zuordnung zu Fondsfamilien. Um die Streuung zu verbessern, empfiehlt es sich, einem Basisinvestment wie einem MSCI-World-ETF eher solche ETF beizumischen, die nicht zur gleichen weiten Familie wie der MSCI World gehören. Achten Sie auch darauf, dass Sie nicht zwei Beimischungen aus derselben weiten Familie nehmen.

Beispiel: Sie haben als Basisanlage einen MSCI-World-ETF. Als Beimischung kommen beispielsweise zu je rund sieben Prozent des Renditebausteins infrage: ETF auf den MSCI Emerging Markets, auf den MSCI World Biotechnology und Rohstoffe-ETF auf den Bloomberg Commodity Index.

Auch Fonds aus unterschiedlichen Fondsgruppen können zur selben weiten Familie gehören. Dass sie in den vergangenen fünf Jahren gleich liefen, kann an ähnlichen Einflüssen liegen, aber auch Zufall sein. Die Familiennummern der Fonds in Ihrem Depot finden Sie in unserer Fondsdatenbank unter test.de/fonds (für Flatrate-Kundinnen und -Kunden kostenfrei).

Finanztest hat etwa 17600 Fonds, die mindestens fünf Jahre alt sind, einer „engen" und einer „weiten" Familie zugeordnet. Fonds innerhalb einer engen Familie haben mindestens eine Nähe von 81 Prozent zum jeweiligen Familienmittelpunkt. Sie sind sich sehr ähnlich. Bei weiten Familien beträgt die Nähe mindestens 49 Prozent zum Familienmittelpunkt. Sie sind sich mindestens entfernt ähnlich. Fonds aus verschiedenen weiten Familien haben meist eine geringe Nähe zueinander.

Jede Familie hat einen Fonds oder einen Index, welcher den Mittelpunkt der Familie definiert, um den sich die anderen Fonds gruppieren. Der Mittelpunkt der engen und der weiten Familie mit der Nummer 1 ist immer der Weltaktienindex MSCI World. Alle anderen Mittelpunkte werden jeden Monat neu bestimmt. Die Mittelpunkte werden danach ausgewählt, welcher Fonds oder Index die meisten anderen Fonds in seinem engen oder weiten Familienkreis hat.

Die Nähe von zwei Fonds zueinander ist das Quadrat der Korrelation. Enge Familien sind Fonds mit einer Korrelation von mindestens 0,9 oder einer Nähe von mindestens 81 Prozent zum Familienmittelpunkt. Bei weiten Familien beträgt die Korrelation mindestens 0,7 oder die Nähe 49 Prozent. Für die Analyse nutzt Finanztest die Monatsrenditen in Euro der letzten fünf Jahre.

Es gibt zwei Anwendungsfälle für die Fondsfamilien:

1 Anlegende haben einen Fonds im Portfolio oder interessieren sich für einen Fonds und möchten gern Alternativen dazu sehen.
2 Anlegende habe einen Fonds im Portfolio und möchten gern Fonds angezeigt bekommen, die möglichst wenig mit diesem Fonds korrelieren, also eine Ergänzung bilden könnten.

In beiden Fällen sollten Interessierte die Einzelansicht des Fonds unter test.de/fonds nutzen. Auf der Einzelansicht scrollt man nach unten, unter die Punktewolke, zum Abschnitt „Alternativen zum Fonds". Und dort klickt man je nach Anwendungsfall auf den passenden Link: Für „Ersatz" klickt man auf „Fonds der gleichen engen Familie anzeigen", für „Ergänzungen" klickt man auf „Fonds anzeigen, die nicht zur gleichen weiten Familie gehören".

Wenn Ihnen das Konzept der Fondsfamilien zu aufwendig erscheint, können Sie auch mit den Korrelationen der Regionen und Branchen zum MSCI World arbeiten. Eine tabellarische Übersicht haben Sie auf Seite 90 zu Beginn dieses Kapitels bereits kennengelernt. Das Baumdiagramm auf der folgenden Doppelseite 124/125 verfeinert die Betrachtung und enthält mehr Märkte.

Finanztest berechnet die Korrelation von 67 Anlageklassen und Anlagemärkten zueinander, und zwar über einen Zeitraum von zehn Jahren. Stand der Auswertung ist der 31. Dezember 2023. Für die Aktienmärkte verwenden wir die entsprechenden Indizes des Anbieters MSCI.

→ Wie lese ich ein Dendrogramm (Baumdiagramm)?

Im Baumdiagramm sind Anlagemärkte über „Äste" und „Knoten" miteinander verknüpft. Der vertikale Abstand eines Knotens zeigt die Korrelation der Märkte oder Marktgruppen, welche an den Ästen hängen. Je weiter unten der Knoten, also je kürzer die Äste, desto höher die Korrelation. Je weiter oben ein Knoten, also je länger die Äste, desto geringer ist die Korrelation. Der vertikale Abstand eines Knotens zwischen zwei Märkten zeigt die Korrelation dieser beiden Märkte. Der vertikale Abstand eines Knotens zwischen zwei Gruppen zeigt die durchschnittliche Korrelation der Mitglieder der einen Gruppe mit denen der anderen Gruppe. Zusätzlich und zum besseren Verständnis haben wir Äste und Gruppen auch noch eingefärbt, sodass alle Märkte mit einer hohen Korrelation dieselbe Farbe haben.

Die Analyse zeigt einige interessante Erkenntnisse dazu, welche Märkte sich stark ähneln und welche sich eher unterschiedlich bewegen:

- **USA und Welt** sind sehr hoch korreliert – kein Wunder, besteht der MSCI World doch zu 70 Prozent aus US-Aktien. Frankreich entspricht am ehesten dem europäischen Durchschnitt (0,98). Zusammen mit Deutschland und Großbritannien bilden sie eine Gruppe.
- Die **Schweiz und der internationale Gesundheitssektor** laufen ähnlich (0,81). Auch das ist keine Überraschung. Mit Roche und Novartis kommen zwei Schwergewichte im MSCI Switzerland aus diesem Bereich.
- **China und Hongkong** sind relativ hoch korreliert (0,78) – dabei zählt China als Schwellenland und Hongkong, eine Sonderverwaltungszone Chinas und damit politisch Teil der Volksrepublik, als Industrieland. Es gibt viele Fonds, die in beide Märkte investieren.
- **Gold** ist zu den Aktienmärkten unkorreliert. Der Knoten liegt nahe bei null.
- Die geringste Korrelation zum MSCI World weisen nach Gold folgende Märkte auf: bei den Industrieländern Hongkong (0,46), Portugal (0,52) und Dänemark (0,61), bei den Schwellenländern Türkei (0,25), Ägypten (0,27) und China (0,32), bei den Euro-Anleihen Staatsanleihen (0,36), inflationsgeschützte Staatsanleihen (0,59) und Unternehmensanleihen (0,63) und bei den Industriesektoren die Versorger (0,57).

Auch wenn die Korrelation ein taugliches Konzept zur Auswahl von Märkten ist, sollten Sie sie nicht zum einzigen Kriterium erheben oder allzu sklavisch anwenden: Korrelationen können sich im Zeitverlauf ändern. Gerade in Krisen können Anlagen, die eigentlich gering korrelieren, gemeinsam abstürzen.Und nicht jeder gering korrelierte Fonds wird automatisch eine Bereicherung fürs Portfolio darstellen.

Daher sollten Anlegende weitere Kriterien zugrunde legen: Stimmen der Anlageerfolg, das Risiko, die Nachhaltigkeit und der Fondstyp?Darüber hinaus gibt es Gründe, Fonds aus derselben Familie ins Portfolio zu holen. Diversifikation durch geringe Korrelation ist ja nicht der einzige Grund, mehrere Fonds zu halten. So kommen auch Faktor-ETF als Beimischung infrage, obwohl sie zur gleichen Familie wie der MSCI World gehören (siehe ab Seite 125).

Die Verknüpfung von Anlagemärkten

Im Dendrogramm sind Anlagemärkte über „Äste“ und „Knoten“ miteinander verknüpft. Märkte mit der durchschnittlich geringsten Korrelation hängen über jeweils zwei Äste an einem Knoten. Je kürzer die Äste, desto höher die Korrelation. Je länger die Äste, desto geringer die Korrelation. Die Märkte, deren durchschnittliche Korrelation zueinander bei mindestens 0,7 liegt, haben eine Farbe. Märkte mit unterschiedlichen Farben liefen unterschiedlich.

Quelle: Refinitiv, eigene Berechnungen.
Stand: 31. Dezember 2023

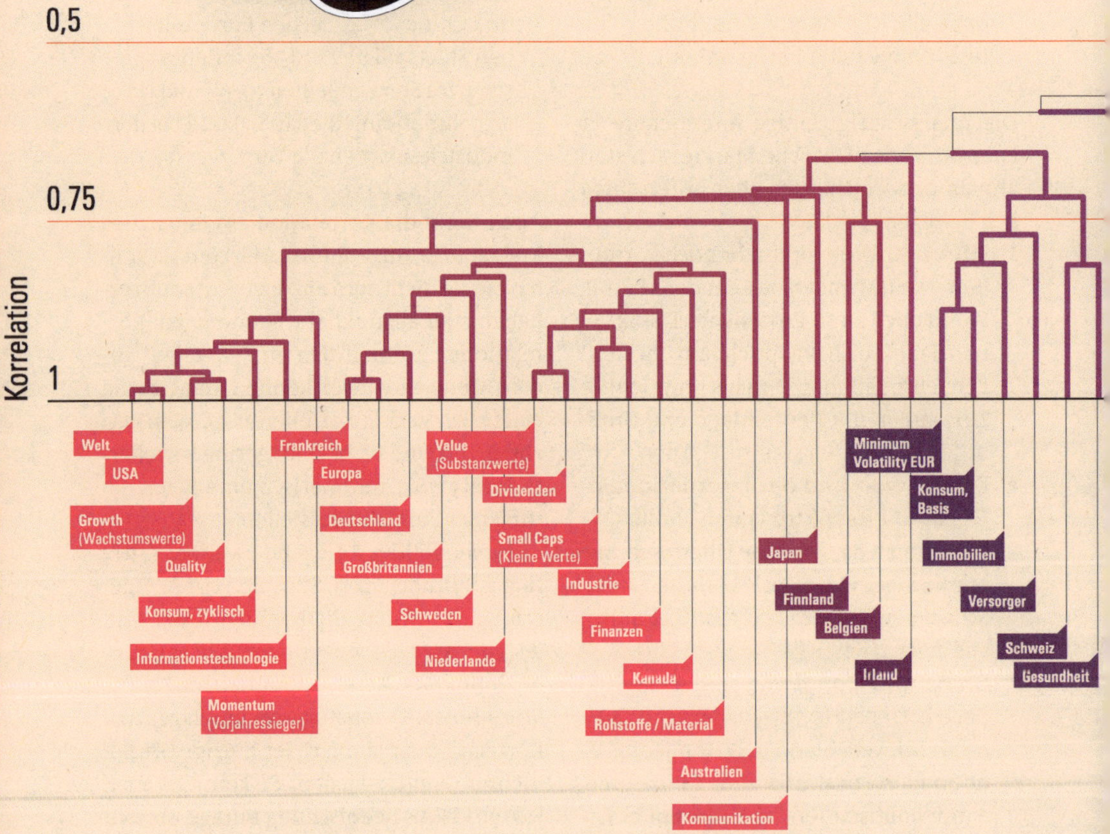

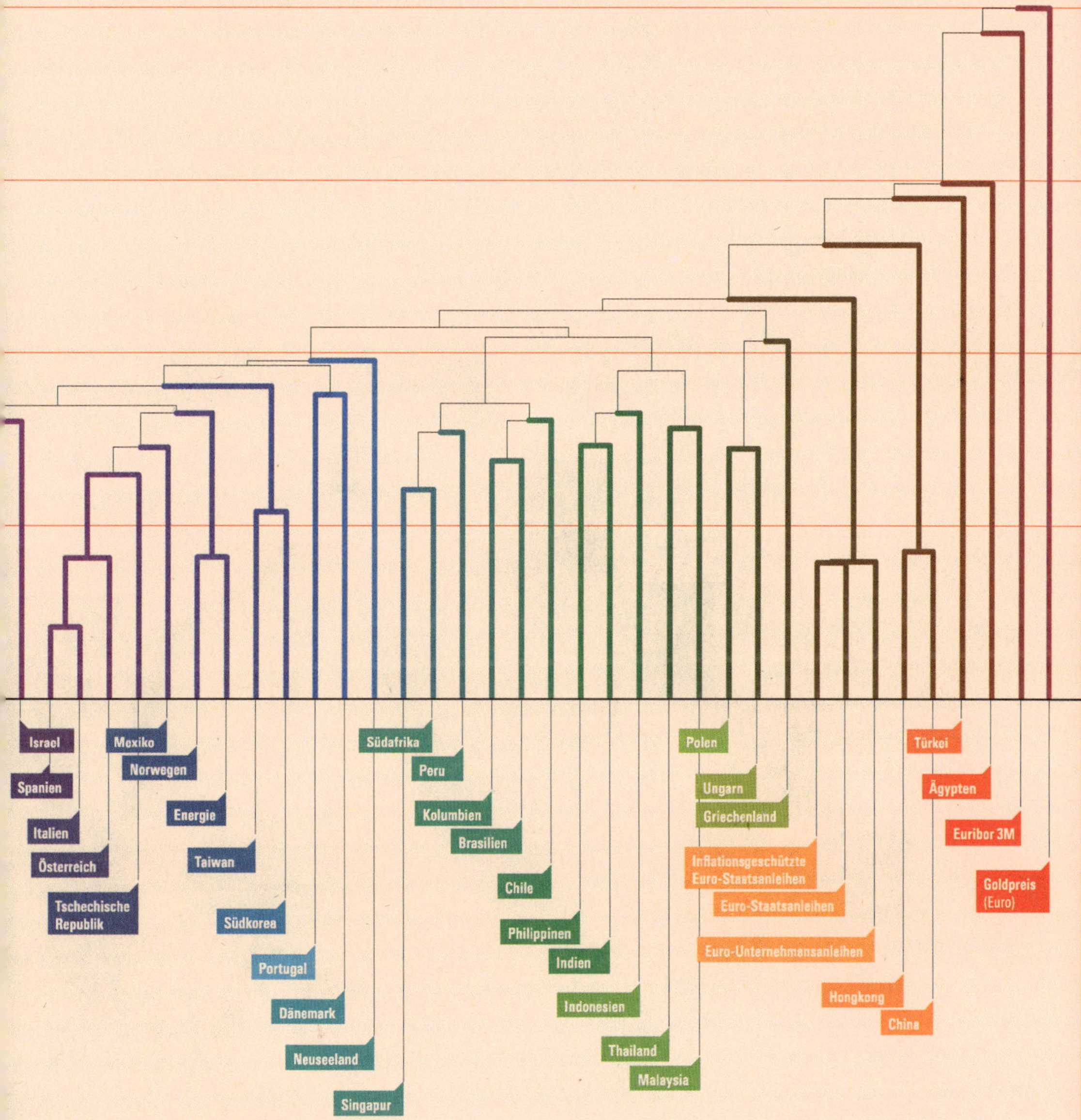
Israel
Spanien
Italien
Österreich
Mexiko
Norwegen
Tschechische Republik
Energie
Taiwan
Südkorea
Portugal
Dänemark
Neuseeland
Südafrika
Singapur
Peru
Kolumbien
Brasilien
Chile
Philippinen
Indien
Indonesien
Thailand
Polen
Malaysia
Ungarn
Griechenland
Inflationsgeschützte Euro-Staatsanleihen
Euro-Staatsanleihen
Euro-Unternehmensanleihen
Hongkong
China
Türkei
Ägypten
Euribor 3M
Goldpreis (Euro)

Strategien für den Extra-Kick

Wissenschaftlich fundierte Anlagestrategien versprechen unter dem Sammelbegriff „Smart Beta" ein Renditeplus. Das funktioniert mal mehr, mal weniger durchgängig.

Fondsanlegerinnen und -anleger haben die Wahl: passiv in ETF zu investieren und sich mit der jeweiligen Marktrendite zufriedenzugeben oder aktiv in gemanagte Fonds anzulegen und die Chance zu haben, mehr als der Markt herauszuholen. Letzteres gelingt aber nur den wenigsten Fondsmanagern auf Dauer. So steht der Chance immer auch ein mindestens ebenso großes Risiko gegenüber, schlechter als der Index abzuschneiden. Hinzu kommt, dass die höheren Kosten von aktiven Fonds das Ergebnis zusätzlich belasten können.

Wäre es da nicht gut, das Beste aus zwei Welten zu kombinieren? Das passive Konzept der ETF mit ein paar Hacks, wie Kniffe jetzt Neudeutsch heißen, aufzupeppen? Und das zu günstigen Kosten? Wer dafür offen ist, sollte sich Faktorstrategien ansehen. Auf Englisch wird das Ganze mit dem Begriff „Smart Beta" oder „Strategic Beta" umschrieben, was den Ansatz deutlich macht: Ausgangspunkt ist immer ein Investment in einen Index, also eine auf Marktrendite und -volatilität oder – im Fachjargon – eine auf „Beta" zielende Anlage.

Aber Smart Beta weicht durch mindestens eine weitere Regel vom Indexinvestment ab. So umfasst der „Momentum-Index“ des MSCI World zum Beispiel die 30 Prozent der Unternehmen im Vergleichsindex, die zuletzt die beste Performance hingelegt haben. Diese Auswahl ist der smarte Bestandteil, der entweder mehr Rendite, also mehr „Alpha“, oder weniger Risiko oder im Idealfall beides bringen kann. Smart Beta ist also der wissenschaftlich fundierte Versuch, die alte Regel, dass mehr Rendite nur zum Preis eines höheren Risikos zu haben ist, ein Stück weit außer Kraft zu setzen.

Rendite-Risiko-Profil verbessern

In der Praxis ist es zwar nicht so einfach, durch eine Faktorstrategie das Rendite-Risiko-Profil zu verbessern, aber auch nicht unmöglich. Nach mehreren akademischen Studien, darunter die von Eugene Fama und Kenneth French, haben folgende Faktoren in der Vergangenheit zu einer Outperformance beziehungsweise zu weniger Risiko führen können:

- **Günstige Bewertung (Value):** Anleger investieren gezielt in Unternehmen, die besonders günstig bewertet sind. Dafür setzen sie zum Beispiel den Aktienkurs in ein Verhältnis zum Buchwert des Unternehmens. Value gilt als ältester Faktor.
- **Geringe Größe (Small Cap):** Die Small-Cap-Strategie setzt auf kleine börsennotierte Unternehmen, weil die in der Vergangenheit mitunter besser abschnitten als größere Firmen.
- **Gute Kursentwicklung (Momentum):** Bei Momentum-Aktien hoffen Anlegende darauf, dass sich ein positiver Trend der vergangenen Monate noch weiter fortsetzt.
- **Schwankungsarmut (Low Volatility):** Wer auf die Low-Volatility-Strategie setzt, erwartet, dass Aktien, die besonders wenig im Wert schwanken, ein besseres Rendite-Risiko-Verhältnis aufweisen. Das kann auch weniger Rendite bei noch weniger Risiko bedeuten.
- **Gute Bilanzkennzahlen (Quality):** Bei der Quality-Strategie geht es darum, Unternehmen zu finden, die besondere Qualitätsmerkmale aufzeigen. Dazu zählen etwa die Rentabilität oder der Verschuldungsgrad.

Einige Strategien sind bei Anlegern und Fondsmanagern beliebt, auch wenn sie streng genommen nicht zu den Faktoren zählen, es also keine oder widersprüchliche Studienergebnisse zu deren Nutzen gibt. Die beiden bekanntesten Strategien sind:

- **Hohes Wachstum (Growth):** Hier geht es darum, Firmen herauszufiltern, die ein starkes Gewinnwachstum erwarten lassen. Growth und Value entwickeln sich entgegengesetzt: Wenn Value besser als der Markt läuft, wird Growth schlechter als der Markt laufen.

Ausgewogene Pantoffel-Portfolios mit Faktor- und Stil-ETF als Beimischung im 30-Jahres-Vergleich

Ein Faktor-Investment als Beimischung ist sinnvoll, wenn es die Chance bietet, den MSCI World zu übertreffen. Dies gelingt mit der Quality-Strategie durchgängig über alle betrachteten Zeiträume. Auch Momentum und Growth schneiden besser und einmal genauso gut ab wie das Standard-Welt-Pantoffel-Portfolio. Die anderen Strategien liefen durchwachsen.

Ausgewogenes Pantoffel-Portfolio (50 % Sicherheitsbaustein, 50 % Renditebaustein)	**Chance-Risiko-Zahl** (Prozent)		**Risiko** [1]		**Rendite über … Jahre** (Prozent pro Jahr)				**Aufwand** (Anzahl Rebalancing) [1]
	10 Jahre	**5 Jahre**	**Max. Verlust** (Prozent)	**Längste Verlustphase** (Jahre)	**30**	**10**	**5**	**1**	
Welt + Quality	100	102	–22	4,8	6,8	6,9	6,4	15,2	9
Welt + Growth	99	101	–25	5,2	6,3	6,8	6,3	15	6
Welt + Momentum	99	100	–25	4,8	6,6	6,7	6	14,4	7
Welt	98	99	–24	5	6,3	6,5	6	13,8	6
Welt + Niedrige Volatilität	98	97	–25	4,6	6,2	6,3	5,4	12,6	4
Welt + Dividenden	96	98	–24	4,6	6,4	6,2	5,5	12,5	6
Welt + Value	96	97	–23	4,8	6,3	6,2	5,5	12,6	6
Welt + Kleine Werte	93	95	–24	4,8	6,2	6	5,2	11,9	7

Gruppierung nach Risikoprofil. Reihenfolge innerhalb eines Risikoprofils nach Chance-Risiko-Zahl über 10 Jahre und über 5 Jahre. Simulierte Einmalanlage über 30 Jahre. Sicherheitsbaustein: Euro-Anleihen-ETF. Renditebaustein: MSCI-World-ETF plus Beimischung.
1) Bezieht sich auf 30-Jahreszeitraum. Quelle: Refinitiv, eigene Simulationen
Stand: 29. Februar 2024.

- **Hohe Ausschüttungen (High Dividend):** Viele Investoren folgen der Dividendenstrategie. Dafür suchen sie gezielt Aktien aus, die unter anderem eine hohe Ausschüttungsrendite versprechen. Es ist in der Wissenschaft umstritten, ob Dividenden einen Faktor darstellen. Trotzdem werden sie oft mit den Faktorstrategien in einem Atemzug erwähnt. Deshalb stellen wir sie hier gemeinsam dar.

Zu allen sieben vorgestellten Strategien gibt es Fonds, die diese Strategien für eine weltweite Aktienanlage umsetzen (siehe Tabellen ab Seite 149 im Kapitel „Hilfe"). Für einen aktuellen Vergleich empfehlen wir die Fondsdatenbank unter test.de/fonds. Viele Basisinfos dort sind kostenfrei.

Die Finanztest-Bewertungen erfahren Sie, wenn Sie den kostenpflichtigen Fondsvergleich freischalten. Dann können Sie über Filter auch nach Fonds suchen, die spezielle Faktoren umsetzen.

→ Nicht ausschließlich auf Faktor-ETF setzen

Finanztest empfiehlt Smart-Beta-Fonds nur als Beimischung zu einem breit streuenden Indexfonds. Anlegende können auch verschiedene Faktor-ETF miteinander kombinieren. Zusammen sollte ihr Gewicht 20 Prozent des ETF-Portfolios nicht überschreiten. Lange Durststrecken sind auch mit diesen Strategien möglich, und eine Garantie auf Überrenditen gibt es nicht. Die vorgestellten Anlagestrategien eignen sich für fortgeschrittene Anlegende, die sich gerne mit ihrer Geldanlage beschäftigen. Entspannte Investorinnen und Investoren, die sich möglichst wenig kümmern wollen, brauchen nicht mehr als ein Pantoffel-Portfolio.

Das Angebot an Smart-Beta-ETF wächst kontinuierlich, auch wenn ihr Anteil am gesamten ETF-Volumen noch unter 10 Prozent liegt. Die Kosten liegen etwas über denen ohne Strategiefaktor. Anleger müssen mit Entgelten zwischen 0,4 und 0,8 Prozent pro Jahr rechnen. Das sind Kosten, die sie mit höheren Erträgen erst einmal wieder reinholen müssen.

Quality und Momentum vorn

Blickt man allein auf die Renditen (siehe dazu die Übersicht auf Seite 127), so ist festzuhalten, dass in der Vergangenheit der Faktor „Quality" die Nase vorn hatte. Auch „Momentum" und „Growth" brachten bis auf eine Ausnahme, bei der Gleichstand herrschte, bessere Ergebnisse. Den anderen Strategien gelang es nicht, den MSCI World in der Mehrzahl der Zeiträume zu schlagen.

Was die Länge und das Ausmaß der Verluste betrifft, gibt es zwischen den Strategien keine wesentlichen Unterschiede: Die längste Verlustphase dauerte bei allen um die fünf Jahre, und es ging mit den Portfolios um circa 25 Prozent abwärts. Alle Werte beziehen sich auf das ausgewogene Pantoffel-Portfolio mit 10 Prozent Beimischung.

Nur die Rendite zu betrachten würde bei dieser Strategie aber zu kurz greifen, denn am Kapitalmarkt geht mehr Rendite immer mit mehr Risiko einher – man muss also auch hier auf das Rendite-Risiko-Verhältnis achten, um zu beurteilen, ob die Strategie interessant ist. Natürlich läuft das dem Ziel der meisten Anlegenden zuwider, die mehr Rendite bei gleichem Risiko suchen.

Ein Konzept wie „Low Volatility" setzt ja gerade, wie der Name schon sagt, auf weniger Risiko. Denn Schwankungen und Verluste sind gleichbedeutend mit Risiko. Es gehört wie die Konzepte „Value", „High Dividend" und „Quality" zu den defensiven Anlagestrategien, wogegen „Growth", „Small Cap" und „Momentum" zu den offensiven Strategien zählen.

Multifaktor-ETF als Kombination

Wer keine Lust auf vier bis fünf unterschiedliche Faktor-ETF im Depot hat, der findet in einem Multifaktor-ETF eine bequeme „Einmal hin, alles drin"-Lösung. Aber auch hier müssen Anlegende überlegen, welchen Multifaktor-ETF mit welchen enthaltenen Strategien sie bevorzugen würden.

Da viele Faktor-ETF auch noch jung sind, hilft die bisherige Wertentwicklung nicht bei der Entscheidungsfindung (siehe auch Kasten „Schneller zum Ziel"). Hinzu kommt, dass der Faktor „Quality", der in vielen Multifaktor-Lösungen enthalten ist, nicht eindeutig definiert ist.

Egal, ob einzelner Faktor oder Multifaktor – wir empfehlen auch hier, auf keinen Fall „all in" zu gehen, also alles auf einen Faktor zu setzen. Maximal 20 Prozent des angelegten Vermögens sollten in Faktor-ETF fließen, denn auch bei den Faktor-Strategien gab es Durststrecken, in denen Anlegende mit einem herkömmlichen weltweit anlegenden ETF besser fuhren. Das Gewicht einer einzelnen Strategie sollte auch hier die Marke von 10 Prozent nicht übersteigen.

Schneller zum Ziel

Der L&G Gerd Kommer Multifactor Equity ETF (Isin IE000FPWSL69) des Finanzbuchautors Gerd Kommer berücksichtigt gleich mehrere Faktoren, etwa Value, Momentum und Quality. Außerdem reduziert er das hohe US-Gewicht – grundsätzlich keine schlechte Idee, da Faktoren und Regionen je nach Marktphase unterschiedlich gut performen. Andererseits ist die Gewichtung der Faktoren kaum nachvollziehbar. Und der ETF ist wirklich sehr breit aufgestellt – was eigentlich gut ist, es ihm aber auch erschweren wird, sich vom Markt abzusetzen.

Dividende ist kein Argument

Dividendenaktien gelten als attraktiv und haben sich phasenweise besser entwickelt als der breite Markt. Dividendenstrategien taugen trotzdem eher für Überzeugungstäter.

Dividenden, also regelmäßige Gewinnausschüttungen an Aktionäre, sind ein Bestandteil der Aktienkultur. 2023 schütteten allein die 160 Unternehmen aus den deutschen Indizes Dax, MDax und SDax mehr als 52 Milliarden Euro aus.

Bei der Dividendenstrategie werden Aktien ausgewählt, die eine hohe Dividendenrendite versprechen. Das heißt, die Ausschüttung sollte im Verhältnis zum Kurs möglichst groß sein. Oft zieht man dazu weitere Bedingungen heran, zum Beispiel, dass diese Dividenden stetig gestiegen sein müssen. Oder dass die Dividendenrendite nicht deswegen hoch sein darf, weil der Aktienkurs kurz zuvor stark gesunken ist.

Langfristige Untersuchungen zeigen, dass etwa ein Viertel bis ein Drittel des durchschnittlichen Aktienertrags aus Dividenden stammt. Das ist mehr, als viele Anlegerinnen und Anleger vermuten, bedeutet aber auch, dass der Löwenanteil den Kursgewinnen zu verdanken ist. Anleger tun gut daran, bei ihrer Aktien- und Fondsauswahl beides zu berücksichtigen.

Mit speziellen ETF oder gemanagten Fonds können sich Anlegerinnen und Anleger an dividendenstarken Aktien beteiligen. Dividendenstärke sollte aber nicht die einzige Richtschnur sein, denn bekannte und wachstumsstarke Unternehmen wie Amazon und der Google-Mutterkonzern Alphabet schütten gar keine Dividenden aus. Das heißt nicht, dass sie deswegen schlechte Investments wären.

Für Investierende, die sowohl an den Kursgewinnen wachstumsstarker Aktien als auch an hohen Dividenden teilhaben wollen, ist ein breit streuender Weltaktienfonds immer noch die beste Wahl. Der Aktienindex MSCI World enthält mehr als 1500 Unternehmen, darunter viele großzügige Dividendenzahler ebenso wie all die bekannten Internet-, Software- und Biotechkonzerne, die mit Ausschüttungen knausern. Unterm Strich ergibt sich für 2023 eine Dividendenrendite von etwa 1,3 Prozent.

Unterm Strich weniger Rendite

Mit ETF, die spezielle Dividendenindizes wie den MSCI World High Dividend Yield nachzeichnen, können Anleger zwar höhere Ausschüttungen einsammeln, mussten dafür aber zum Beispiel in den letzten Jahren deutlich niedrigere Gesamtrenditen hinnehmen. In den vergangenen drei, fünf und

Der Glanz vergangener Tage

Die Dividendenstrategie hat ihre besten Tage hinter sich. Der Mehrertrag des MSCI World High Dividend Yield, hier als Überrendite im Vergleich zum MSCI World abgebildet, hat stark nachgelassen.

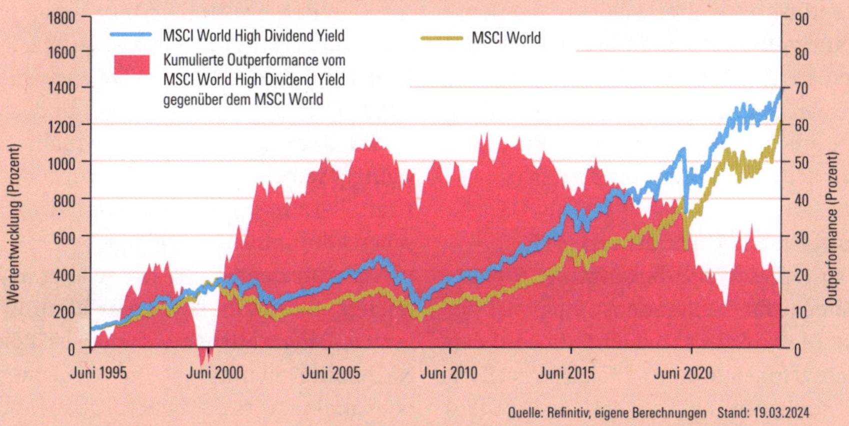

10 Jahren liefen globale Dividenden-ETF schlechter als der MSCI World, auf Sicht von 20 Jahren gleich gut und auf 30 Jahre gesehen dann aber besser.

Sogenannte defensive Aktien, wie sie in Dividendenfonds stark vertreten sind, hinken in gut laufenden Aktienmärkten oft der Kursentwicklung hinterher. Als defensiv gelten Unternehmen mit bodenständigen Geschäftsmodellen und verlässlichen Einnahmen wie Pharmafirmen-, Versorger- oder Ernährungskonzerne. Wenn es mit der Wirtschaft bergab geht, verzichten viele Kunden auf größere Anschaffungen, aber Medikamente, Strom und Lebensmittel brauchen sie auch in schwierigen Zeiten.

Mit Dividendenfonds setzen Anleger auf eine Strategie, die in unterschiedlichen Marktphasen eine ordentliche, aber nicht unbedingt die beste Rendite verheißt. Dafür können sie hoffen, in einer Börsenkrise nicht so stark abzurutschen wie der Gesamtmarkt. Der Corona-Einbruch stellte diesbezüglich eine große Ausnahme dar, als Dividendentitel noch stärker als der breite Markt einbrachen.

Messlatte „Dividendenrendite"

Wer auf Dividendenjagd geht, prüft zunächst einmal die Dividendenrendite. Sie ergibt sich, indem man die zuletzt gezahlte oder vom Unternehmen angekündigte Dividende durch den aktuellen Aktienkurs teilt. Es scheint naheliegend, einfach die Aktien mit der höchsten Dividendenrendite herauszupicken. Doch das ist aus verschiedenen Gründen keine gute Idee. Denn bei Aktien, die kürzlich in den Keller gerauscht sind, kann sie sehr hoch sein. Trotzdem möchte man die Aktie nach einem großen

Kursverlust oft nicht ins Portfolio holen – der Kursverlust hat ja in der Regel einen Grund. In den USA ist es daher beliebt, nur in Firmen zu investieren, die stetig die Dividende erhöhen. In Europa gibt es kaum solche Aktien, das limitiert die Strategie.

Beispiele für Dividenden-ETF

Der in Deutschland bekannteste Weltaktienindex mit Dividendenstrategie ist der Stoxx Global Select Dividend 100, auf den Xtrackers mit dem Stoxx Global Select Dividend 100 Swap Ucits ETF (LU0292096186) seit 2007 einen Swap-ETF anbietet. Die Blackrock-Tochter iShares zog 2009 mit dem Stoxx Global Select Dividend 100 Ucits ETF (DE000A0F5UH1) nach. Alternativ kommt der Vanguard FTSE All-World High Dividend Yield (IE00B8GKDB10) infrage.

Es gab auch Marktphasen, in denen die ETF mit leicht überdurchschnittlichem Rendite-Risiko-Verhältnis glänzen konnten und es in die Hefttabellen von Finanztest geschafft haben. Xtrackers bildet den Index per Swap nach, iShares physisch. Die Länder- und Branchenaufteilung weicht bei diesen Indizes oft stark von der des MSCI World Index ab, typischerweise mit viel weniger IT und USA als der Marktdurchschnitt.

2013 kam der Vanguard FTSE All-World High Dividend Yield Ucits ETF nach Europa (IE00B8GKDB10 ausschüttend und IE00BK5BR626 thesaurierend). Der ETF bezieht sich auf den FTSE All-World High Dividend Yield Index.

Ein weiterer bekannter Anbieter für Strategie- und Dividendenindizes ist WisdomTree. Dieser Anbieter benutzt vorwiegend „Hausindizes", also Indizes, deren Zusammenstellung der ETF-Anbieter mehr oder weniger selbst bestimmt. Finanztest bevorzugt allerdings eine klare Trennung zwischen ETF- und Indexanbieter.

Viele Dividenden-ETF haben aber in den letzten Jahren eine Strategieänderung erfahren. Gängig war es einerseits, zusätzliche Nachhaltigkeitsfilter zu berücksichtigen, oder andererseits, zusätzliche Quality-Filter einzubauen – wahrscheinlich in der Hoffnung, dass die ETF so besser laufen. Das kann aber natürlich den Charakter eines ETF deutlich verändern – alte und neue Wertentwicklung lassen sich also nicht vergleichen. Auch die Transparenz der Anbieter lässt bei solchen Änderungen zu wünschen übrig. Finanztest vermerkt deshalb solche Änderungen, wenn sie auffallen.

Zusammenfassend lässt sich festhalten: Es gibt keinen Grund, sich als Anlegerin oder Anleger ausschließlich auf die Dividendenrendite zu konzentrieren. Diese Sichtweise blendet zu vieles aus.

Ob Dividendenstrategien tatsächlich langfristig besser als der Markt laufen, ist unsicher. Wir betrachten sie nicht als überlegene Strategie. Dividendenfonds eignen sich wegen der speziellen Länder- und Branchenmischung aber als Beimischung. Ein Anteil von bis zu 20 Prozent in Ihrem Aktienfondsdepot ist akzeptabel.

Small Was Beautiful

Langfristig liegt der MSCI World Small Cap Index vor dem MSCI World, das liegt aber an der Phase 1998 bis 2018. Danach haben kleine Werte enttäuscht.

→ **Ein ETF auf den MSCI World** ist zwar nach wie vor die zu bevorzugende Lösung für alle, die ihre Geldanlage einfach und ertragreich gestalten wollen. Aber es ist hilfreich zu wissen: Der Index bildet entgegen seinem Namen nur einen Ausschnitt des weltweiten Börsengeschehens ab. Hinzu kommt, dass allein Apple, Microsoft und Amazon zusammen aktuell rund 12 Prozent Gewicht im Index haben.

Von den weltweit gut 9 000 Aktien, die für Anleger infrage kommen, schaffen es zurzeit etwas mehr als 1500 in den MSCI World. Der Grund für diese Lücke ist die Auswahlmethode von MSCI für den MSCI World Index: Sitzt ein Unternehmen nicht in einem der ausgewählten 23 Industrieländer, kommt es nicht in den Index.

Außerdem schaffen es nur große und mittelgroße Aktien in den MSCI Word. Die kleinen Werte, auch Small Caps genannt, bleiben außen vor. Sie machen aber immerhin circa 14 Prozent der Marktkapitalisierung der jeweiligen Region aus, auf die sich ein MSCI-Standard-Index bezieht.

Daher eignen sich die kleinen Aktiengesellschaften grundsätzlich als möglicher Rendite-Booster fürs Depot und als sinnvolle Beimischung. Mit Small-Cap-ETF können sich Anleger an ihnen beteiligen, ohne das Risiko zu übertreiben. Der Clou der Beimischung liegt darin, dass es zwischen den klassischen Weltindizes und dem Small-Cap-Segment keine Überschneidungen gibt. Das macht die Nebenwerte-Indexfonds für Anlegende zur perfekten Depotergänzung.

Das Problem an dieser Auswahl ist aus Anlegersicht: Kleine Werte sind auch schwankungsanfälliger. Und historisch gesehen brachten Small Caps zwar auf lange Sicht eine bessere Wertentwicklung als der breite Aktienmarkt. Aber das liegt an der Phase zwischen 1998 und 2018. Danach habe Small Caps eher enttäuscht.

Weniger technologielastig

Small-Cap-ETF können eine andere Branchenverteilung aufweisen als Large/Mid-Cap-ETF. Während diese wie der MSCI World häufig von Technologieunternehmen und multinationalen Konzernen dominiert werden, sind Small-Cap-ETF oft stärker in Industrie, Finanzdienstleistungen oder Konsumwerten investiert. Diese Unterschiede können zu unterschiedlichen Performanceprofilen führen. Das heißt, die Kurse steigen oder fallen zu anderen Zeitpunkten beispielsweise des Konjunkturzyklus.

Die kleinen Aktien in den Small-Cap-ETF sind auch eher nur von der Wirtschaft ihres Sitzlandes abhängig, während die großen Aktien der Mid- und Large-Cap-ETF oft global diversifiziert sind.

Das bedeutet, dass Small-Cap-ETF eher von regionalen Wachstumschancen profitieren können, während Large/Mid-Cap-ETF von globalen Trends und Entwicklungen beeinflusst werden. Chancen und Risiken sind also bei Small-Cap-ETF größer.

Deutliche Größenunterschiede

Small-Cap-ETF investieren in Unternehmen mit einer Marktkapitalisierung, also einer Börsenbewertung zwischen zurzeit 250 Millionen und zwei Milliarden Euro. Zum Vergleich: Ein Large Cap ist aktuell mindestens 10 Milliarden US-Dollar schwer. Es sind etablierte Unternehmen, die in ihrer Branche meist führend sind. Die Mid Caps liegen heute mit 2 bis 10 Milliarden US-Dollar Marktkapitalisierung zwischen den Large und den Small Caps.

Diese Zahlen sind allerdings nur Richtwerte. Sie helfen bei der Einordnung, sind aber kein abschließendes Kriterium. Beispiele: Aktuell ist die kleinste Aktie im MSCI World Large Cap Index 2,7 Milliarden US-Dollar schwer, also eigentlich schon ein Mid Cap, die größte im MSCI World Small Cap hingegen 13,2 Milliarden US-Dollar, also eigentlich ein Large Cap.

Hinzu kommt: Der wichtige Indexanbieter MSCI World teilt etwas anders ein: Large Caps sind die nach Marktkapitalisierung größten 70 Prozent der Aktiengesellschaften. Die Mid Caps umfassen die darauffolgenden 15 Prozent der Aktiengesellschaften. Die Small Caps laut MSCI setzten sich aus den folgenden 14 Prozent der Aktiengesellschaften zusammen. Das kleinste Prozent – die Micro Caps – schafft es weder in den MSCI World noch in den MSCI World IMI Index mit rund 5 000 großen, mittleren und kleinen Aktien aus 23 Industrieländern.

MDax-Aktien sind Small Caps

Außerdem ist zu berücksichtigen: Diese Gruppierungen sind nicht einheitlich oder gesetzlich definiert. Je nach Branche, Wirtschaftsregion oder Index können sie unterschiedlich ausfallen. Fast alle Unternehmen im deutschen MDax, dem Spezialindex für mittelgroße Aktiengesellschaften, sind im internationalen Maßstab nur Small Caps.

Deshalb findet man Unternehmen wie die Onlineplattform Scout24, den Beleuchtungskonzern Osram oder den Bekleidungshersteller Hugo Boss nicht im MSCI World, sondern im MSCI World Small Cap.

Die größte Streuung bezüglich der Anzahl der Aktien und abgedeckten Länder finden Anleger im MSCI ACWI IMI Index. ACWI steht für All Countries World Index, IMI für Investable Markets Index. Zu Deutsch: Der Index enthält alle 23 Industrieländer und alle 24 Emerging Markets nach

Kleine Unternehmen, kleine Enttäuschung

Die Small Cap-Strategie hat sich unter dem Strich nicht ausgezahlt. Der MSCI World schlägt den MSCI World Small Cap langfristig deutlich.

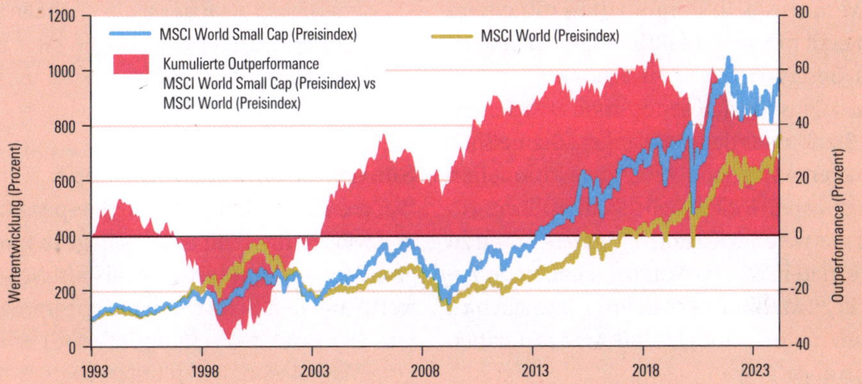

Quelle: Refinitiv, eigene Berechnungen Stand: 19.03.2024

MSCI-Definition und alle rund 9000 Aktien, die Anlegende dort kaufen können. Damit deckt MSCI nach eigener Aussage 99 Prozent des weltweiten Aktienmarkts ab, aber eben keine Micro Caps und auch keine Entwicklungsländer – die sogenannten Frontier Markets. Diese Märkte sind Kandidaten für den Aufstieg in der Gruppe der Schwellenländer, auch Emerging Marktets genannt (siehe auch Seite 93).

Der einzige in Deutschland angebotene ETF, der diesen Index abbildet, stammt von der Fondsgesellschaft SPDR und hat die Kennnummer (Isin) IE00B3YLTY66. Der ETF bildet den sehr breiten Index allerdings nur näherungsweise ab – aktuell hält er rund 2800 der 9070 Aktien im Index.

Damit zählt der ETF zu den Fonds mit der größten Aktienanzahl. Die durchschnittliche jährliche Abweichung von der Indexentwicklung (Tracking Difference) seit 2012 betrug minus 0,08 Prozentpunkte pro Jahr. Damit war der ETF für den Anleger günstiger, als es die Kostenquote, gemessen als Total Expense Ratio (TER), mit 0,17 Prozent suggeriert, und hat sogar die Indexentwicklung übertroffen.

Vorteile der Small-Cap-ETF

Small Caps bieten eine Reihe von Vorteilen: Kleine Unternehmen können hohes Wachstumspotenzial aufweisen, da sie in der Regel in Nischenmärkten oder aufstrebenden Branchen tätig sind. Zudem ermöglichen es Small-Cap-ETF Anlegern, ihr Portfolio zu diversifizieren, indem sie in verschiedene Branchen und Regionen investieren, die in den großen Indizes schwach vertreten sind. Das kann dazu beitragen, das Risiko zu reduzieren und die langfristige Performance zu verbessern. In Kombination mit einem Großteil in Standardaktien muss sich auch das Gesamtrisiko nicht erhöhen, obwohl Small Caps für sich genommen etwas mehr als Standardaktien schwanken. Schließlich erhalten Anlegende durch Investitionen in Small-Cap-ETF die Möglichkeit, frühzeitig in innovative und disruptive Unternehmen zu investieren, die das Potenzial haben, in Zukunft zu Marktführern in ihren Branchen zu werden. Auch Google und Amazon haben klein angefangen.

Nachteile der Small-Cap-ETF

Den genannten Vorteilen stehen Nachteile gegenüber: Kleinere Unternehmen sind oft anfälliger für wirtschaftliche Schwankungen und können aufgrund ihrer geringeren Größe und eingeschränkten Ressourcen stärker von Marktturbulenzen betroffen sein. Das bedeutet, dass Small-Cap-ETF nur für sich genommen volatiler sind.

Small-Cap-Aktien sind zudem in der Regel weniger liquide als Large-Cap-Aktien, was bedeutet, dass gerade in angespannten Aktienmärkten die Geld-Brief-Spannen, also der Unterschied zwischen Kauf- und Verkaufskursen, sehr groß werden können.

Kleinere Unternehmen neigen außerdem dazu, weniger oder gar keine Dividenden auszuschütten, da sie ihre Gewinne oft in das Wachstum des Unternehmens reinvestieren. Das bedeutet, dass Small-Cap-ETF für Anleger, die auf der Suche nach regelmäßigen Erträgen sind, weniger attraktiv sein können. Diese Tatsache ist aber für alle anderen Anleger irrelevant – für sie zählt nur die Gesamtrendite aus Kursgewinnen und Dividenden.

Schwellenländer-Small-Caps

Wer das Thema Small Cap auf die Spitze treiben will, kann es mit einer Anlage in Emerging Markets kombinieren, also in Nebenwerte aus den Schwellenländern investieren. Die Ländermischung im MSCI Emerging Markets Small Cap unterscheidet sich deutlich von der im normalen Schwellenländerindex. Im Standardindex spielt China die erste Geige, mit einem Anteil von fast 27 Prozent gegenüber rund 17 Prozent von Indien. Bei den Small Caps ist dagegen Indien die Nummer eins, und auch Taiwan und Südkorea haben noch einen höheren Indexanteil als China mit nur rund sieben Prozent (Stand 31. Dezember 2023).

Taiwan gilt als innovationsfreudig. Es ist zum Beispiel seit Langem eine Hochburg der Elektronikindustrie und exportiert nicht nur Laptops und Mikrochips in alle Welt. Kaufkraftbereinigt hat es sogar ein vergleichbar hohes Bruttoinlandsprodukt pro Kopf der Bevölkerung wie Deutschland.

Hinzu kommt: Im MSCI World Small Cap Index sind die Anteile so gleichmäßig verteilt, dass keine einzige Aktie herausragt und selbst die Toppositionen unter 0,6 Prozent bleiben. Bei den drei Firmen, die zum Jahresende 2023 ganz oben standen, handelt es sich um Hightechunternehmen, die in Deutschland nur Eingeweihte kennen dürften: Coforge aus Indien entwickelt unter anderem Software für Finanzdienstleister und Tourismus, Asia Vital Components aus Taiwan baut Ventilatoren für Computer, und Chicony Electronics, ebenfalls aus Taiwan, verdient sein Geld mit Computertastaturen. Die Summe der 10 größten Aktien im MSCI Emerging Markets Small Cap hat einen Indexanteil von weniger als drei Prozent. Zum Vergleich: Im Weltindex MSCI World brachte es der Gigant Apple Ende 2023 allein auf fünf Prozent.

Mehr Streuung, weniger Rendite

Eins können Börsianer durch den Kauf eines Small-Cap-ETF auf jeden Fall erreichen: Die Streuung ihres Depots wird noch größer. Allerdings gibt es keine Garantie, dass die Beimischung auch einen Renditeschub bringt. Der Index MSCI Emerging Markets Small Cap blieb mittelfristig sogar deutlich hinter dem breiten Markt zurück.

Auf Zehnjahressicht brachte er im Schnitt Stand Ende 2023 etwa 5,3 Prozent pro Jahr, während der MSCI ACWI Investable Market (IMI) um 7,8 Prozent pro Jahr zulegte. Immerhin schlug er seinen großen Bruder, den MSCI Emerging Markets.

Und trotz aller möglichen Vorteile bleibt ein ETF auf den MSCI Emerging Markets Small Cap Index ein sehr exotisches Investment, das sich nur als Beimischung für breit aufgestellte Depots eignet. Wer mindestens 80 Prozent seiner Risikoanlagen zum Beispiel in den MSCI World oder ähnliche Indizes gesteckt hat, kann den Rest etwas spekulativer investieren. Bis zu 10 Prozent der Aktienanlagen in einem Wertpapierdepot in Small Caps aus Schwellenländern zu stecken hält Finanztest für vertretbar.

Vorsichtig beimischen

Zusammenfassend lässt sich sagen: Auch wenn die Renditen der Small Caps nicht in jeder Phase überzeugen, eignen sie sich als Beimischung. Im MSCI-World-ETF sind keine „kleinen“ Unternehmen vertreten, sodass Anleger und Anlegerinnen ihr Portfolio damit breiter aufstellen können. Allerdings: Der in den wissenschaftlichen Untersuchungen gemessene „Small Cap“-Effekt ist vor allem ein „Micro-Cap“-Effekt, der also bei den allerkleinsten, schlecht handelbaren Aktien festgestellt wird. Micro Caps sind aber über Fonds nicht sinnvoll investierbar, und es gibt keine ETF darauf.

Finanztest hält einen Small-Cap-ETF-Anteil von bis zu 20 Prozent im Depot für vertretbar, wenn die restlichen 80 Prozent aus marktbreiten Welt-ETF bestehen.

Wer bei den kleinen Aktien nicht nur auf klassische Börsennationen wie USA, Japan oder Großbritannien setzen möchte, braucht zusätzlich einen ETF für die „Emerging Markets“, in dem zum Beispiel China und Indien vertreten sind. Statt eines weltweiten ist auch ein Europa-Small-Cap-ETF möglich. Damit wird der US-Anteil im Depot etwas gesenkt.

The Trend Is Your Friend

Der Grundgedanke der Momentum-Strategie ist einfach: Sie setzt auf die Sieger und geht davon aus, dass diese auch weiter gewinnen. Das klappt erstaunlich gut.

Im Fußball und an der Börse gilt: Wer wäre nicht gerne dauerhaft auf der Gewinnerseite? Während es in der Fußball-Bundesliga seit 2012 bis 2023 mit Bayern München einen einfachen Weg dorthin gab, war das Gewinnen an den Börsen schwieriger, aber nicht unmöglich.

Es gibt dazu sogar eine eigene Anlageidee: Mit der Momentum-Strategie setzen Investoren auf Top-Aktien der Vergangenheit – also diejenigen Titel, die in einem bestimmten Zeitraum besonders gut gelaufen sind. Die Annahme dahinter: Aktien, die einige Zeit besser abgeschnitten haben als der Markt, werden auch künftig besser laufen – zumindest für eine bestimmte Zeit.

Die Wissenschaft tut sich schwer mit der Erklärung dieser „dummen" Strategie, wie sich die Wissenschaftler French und Fama ausdrücken. Möglicherweise wählen trotzdem viele professionelle Anleger schlicht Titel, die gerade gut liefen.

Nicht umsonst lautet eine Börsenweisheit: „The trend is your friend." („Der Trend ist dein Freund.") So einfach die Regel, so erfolgreich war sie. Die Überrendite bei ähnlichem Risiko gegenüber dem Markt ist in der Vergangenheit von allen Strategien am höchsten. Wer seit den 70er-Jahren die Strategie verfolgt hätte, könnte sich heute über eine Rendite freuen, die im Schnitt jedes Jahr 2,3 Prozentpunkte mehr einbrachte als der MSCI World. In kürzeren Zeiträumen konnte die Bilanz hingegen auch einmal negativ ausfallen, wie zum Beispiel die Übersicht auf Seite 127 belegt.

Wie wird Momentum gemessen?

Es gibt verschiedene Zeiträume, in denen das Momentum einer Aktie gemessen wird. Diese liegen zwischen einem und 12 Monaten. Stets wird dabei der aktuelle Kurswert ins Verhältnis zu einem Kurs in der Vergangenheit gesetzt. Der MSCI World Momentum beispielsweise verwendet eine Kombination aus sechs und 12 Monaten.

Ein Momentum entwickelt sich in drei Abschnitten, die durchaus unterschiedlich lang sein können:

- **Abschnitt 1:** Das Momentum bildet sich heraus. Der Kurs einer Aktie zieht an, zum Beispiel, weil ein Unternehmen wiederholt mit seinen Kennzahlen die Vorjahre oder die Erwartungen übertrifft. Auch Trends oder Spekulation können ein Momentum auslösen.

Kaufen, was gut gelaufen ist

So einfach gestrickt die Strategie sein mag, auf die Gewinner von gestern zu setzen: Sie funktioniert, auch wenn Anlegende über lange Phasen Geduld brauchten.

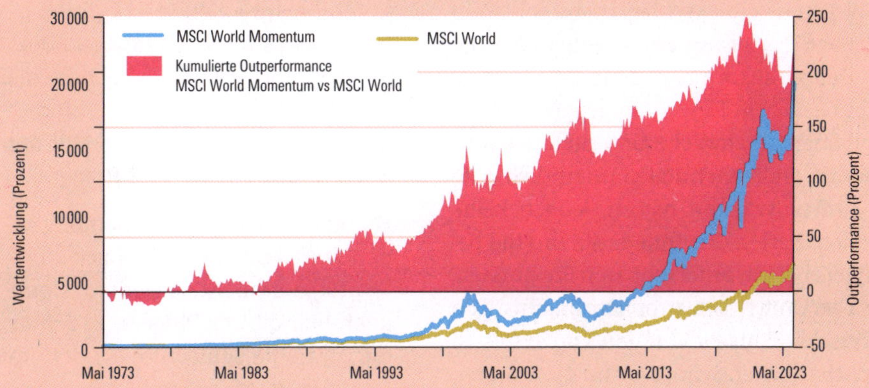

Quelle: Refinitiv, eigene Berechnungen Stand: 19.03.2024

- **Abschnitt 2:** Das Momentum beschleunigt sich. Die Hausse nährt die Hausse. Immer mehr Anlegerinnen und Anleger werden auf die positive Entwicklung aufmerksam. Der Kurs der Aktie steigt schneller und schießt bisweilen über.
- **Abschnitt 3:** Das Momentum bricht. Keine Aktie behält ewig das Momentum bei. Starke Überbewertungen oder verfehlte Umsatz- oder Gewinnprognosen können dazu führen, dass das Momentum sich abschwächt und sich ins Gegenteil verkehrt.

Kern der Idee ist also die Psychologie der Anlegenden: Investorinnen und Investoren folgen dem Herdentrieb. Sie setzen auf Aktien, die häufig gekauft werden – und gehen davon aus, dass diese auch künftig gut abschneiden. Das gilt mitunter sogar für Profis. Denn wer als Profi kauft, was alle kaufen, muss sich seltener für Verluste rechtfertigen als jemand, der gegen den Trend anlegt und dann anders als die anderen verliert, statt zu gewinnen.

Momentum-ETF senken Risiken

Um das Risiko der Anlage gering zu halten, sollten Anlegerinnen und Anleger nicht auf einzelne Momentum-Aktien setzen. Zumal diese Strategie mit hohen Handelskosten einhergeht. Stattdessen empfehlen sich breit streuende Momentum-ETF (siehe Seite 149). Sie bilden entsprechende Aktienindizes ab und enthalten in der Regel Papiere, die in den letzten sechs bis 12 Monaten hohe Kursanstiege verzeichnet haben.

Wegen des Rückschlagrisikos sollte ein solcher ETF aber nur einen begrenzten Teil des Depots ausmachen, denn die Strategie birgt Gefahren: Es werden gegebenenfalls fundamental schwache Unternehmen ausgewählt, die manchmal vermeintlich gute Zukunftsaussichten hatten, jedoch keine nennenswerten Gewinne machen. Und besonders bei unvorhersehbaren Ereignissen, etwa bei Umweltkatastrophen, ungünstigen politischen Entscheidungen und externen wirtschaftlichen Schocks kann die Momentum-Strategie riskant sein.

Dann lohnt es sich, die Gründe für die Entwicklung zu analysieren, anstatt nur auf vergangene Kursentwicklungen zu schauen. Außerdem kann es lange Phasen geben, in denen die Momentum-Strategie schlechter abschneidet als der MSCI World. Das gilt für einzelne Aktien ebenso wie für Indizes, die auf die Momentum-Logik bauen, so etwa für den MSCI World Momentum Index.

→ Vor- und Nachteile einer Momentum-Strategie

Der Hauptvorteil besteht darin, dass Anlegende von den Verhaltensmustern anderer profitieren können. Dadurch ist es möglich, Überrenditen zu erzielen. Zudem ist die Umsetzung je nach Momentum-Definition einfach. So müssen keine Fundamentalkennzahlen einzelner Unternehmen interpretiert werden. Die Strategie kann durch entsprechende ETF gut abgebildet werden. In den letzten zwei Jahrzehnten ergibt sich fast die gleiche Volatilität für die Momentum-Strategie (13,7 Prozent) wie für den MSCI World Index (13,9 Prozent).

Dem stehen folgende Nachteile gegenüber: Auch bei der Momentum-Strategie braucht es Geduld. Denn auch hier gibt es Phasen, in denen die Strategie schlechter als der breite Markt läuft. Momentum-Strategien können es erforderlich machen, über 12 Monate das Portfolio einmal komplett umzuschichten. Zum Vergleich: Im MSCI World werden aufgrund von Zu- und Abgängen eher zwei Prozent der enthaltenen Werte umgeschichtet. Das führt bei der Momentum-Strategie zu höheren Transaktionskosten, die die Gewinne schmälern. Auch die Verwaltungskosten der Momentum-ETF sind etwas höher als bei entsprechenden Standard-ETF.

Zusammenfassend lässt sich sagen: Momentum ist mit Blick auf Ergebnisse der Vergangenheit eine beeindruckende Strategie. Sie erzielte sehr oft bei ähnlichem Risiko mehr Ertrag als der breite Markt.

Da aber unklar ist, ob das auch in Zukunft so bleibt, sollten Anlegerinnen und Anleger nicht nur auf diese Strategie setzen. Als Beimischung können sie entsprechende ETF aber nutzen.

Schwankungsarme Erträge

Mit der Minimum-Volatility-Strategie lässt sich das Risiko reduzieren - um den Preis, dass auch die Rendite phasenweise deutlich sinkt. Eine Outperformance ist nicht zu erwarten.

→ **Eines vorweg: Ein ETF** mit niedrigerer Volatilität, also reduzierten Schwankungen, liefert nie das Maximum der möglichen Rendite und aller Wahrscheinlichkeit nach auch nur selten die durchschnittliche Marktrendite. Trotzdem gibt es Gründe, sich für einen solchen ETF zu entscheiden – denn nicht alle Investoren halten große Schwankungen aus. Low-Volatility-ETF können in einem Depot also zwei Aufgaben erfüllen: Sie erlauben eine Investition in den Kapitalmarkt zu einem insgesamt etwas geringeren Risiko, zudem können sie als Teilbestandteil im Depot zur Risikosteuerung genutzt werden. Damit sind sie streng genommen das Gegenteil eines Rendite-Boosters: ein Risiko-Puffer.

Mit dem MSCI World Minimum Volatility Index existiert ein globaler Index, den Fondsanbieter mit ETF nachbilden können. Er setzt sich aus großen und mittleren Unternehmen aus 23 Industrieländern zusammen. Von den 1 480 Unternehmen aus dem MSCI World waren 264 auch im weltweiten Minimum Volatility Index enthalten (Stand: 31. Dezember 2023).

Die Länderverteilung zeigt, dass US-Unternehmen beim MSCI World Minimum Volatility Index etwas weniger stark dominieren als im MSCI World. Sie hatten Ende 2023 einen Anteil von rund 65 Prozent (MSCI World: fast 70 Prozent). Deutlich höher gewichtet sind Japan, die Schweiz und Kanada. Der Branchenvergleich zeigt gegenüber dem MSCI World mehr Aktien aus den Bereichen Gesundheit, Basiskonsumgüter, Telekommunikation und Versorger und weniger IT, Finanzwesen, Industrie und zyklische Konsumgüter.

Das ist nicht überraschend, aber muss nicht immer so sein. Der Index bildet eine Variante des Faktors „niedrige Volatilität" ab: Er zielt darauf ab, die Volatilität des Gesamtportfolios zu senken. Es können also theoretisch auch risikoreiche Aktien enthalten sein, wenn sie mit anderen Aktien im Portfolio sehr wenig oder gar nicht korrelieren – also sich unabhängig voneinander bewegen. Die zweite Variante wäre, Aktien auszuwählen, die selbst schon eine geringe Volatilität aufweisen. Für letztere, an sich naheliegende Variante gibt es aber keinen Index, den ein ETF nachbilden könnte.

Stabile Aktien, die in schlechten Zeiten weniger an Wert verlieren, generieren in guten Börsenzeiten auch eine etwas geringere

Phasenweise weniger Risiko und mehr Rendite

Die Minimum-Volatility-Strategie kann das Risiko reduzieren. Von 2000 bis ungefähr 2016 hat sie sogar den breiten Markt geschlagen. Seitdem jedoch performt der Faktor eher schlechter als der MSCI World.

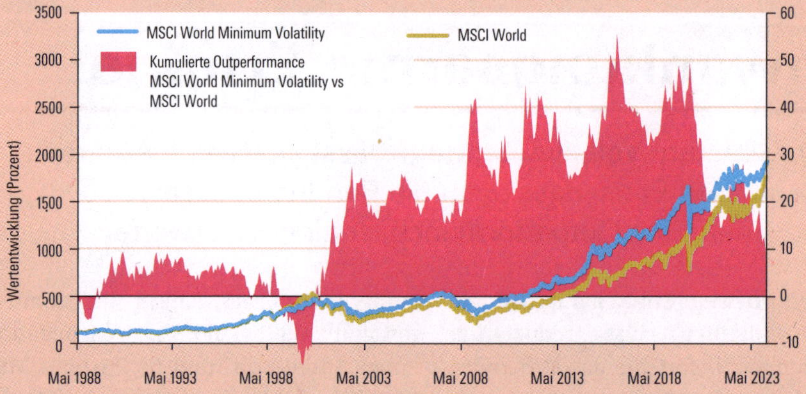

Quelle: Refinitiv, eigene Berechnungen Stand: 19.03.2024

Rendite. Dies belegt der Performance-Vergleich zwischen MSCI World Minimum Volatility Index und MSCI World.

In den guten Börsenjahren 2019 und 2020 brachte der MSCI World die deutlich bessere Wertentwicklung. Hingegen punktete der MSCI World Minimum Volatility Index im Krisenjahr 2022 und verlor deutlich weniger als der technologielastige MSCI World. 2023 lag der Standard-Index wieder deutlich vor dem Low-Volatility-Index.

Weniger ist manchmal mehr

Die klassische Finanztheorie besagt: Je höher das Risiko, desto höher die erwartete Rendite. Was für Anlageklassen im Allgemeinen stimmt – Aktien bringen langfristig mehr als Anleihen –, ist bei Aktien im Vergleich untereinander nicht unbedingt der Fall. Hier bringen weniger stark schwankende Wertpapiere bessere risikoadjustierte Renditen als die volatilen.

Risikoadjustiert bedeutet: Gemessen am Risikorückgang im Vergleich zum breiten Markt müssten sie eigentlich weniger Rendite bringen, als es tatsächlich der Fall ist. Unterm Strich ist Low Volatility nicht nur ein faires, sondern am Preis-Leistungs-Verhältnis gemessen sogar ein gutes Geschäft. Dieser Low-Volatility-Effekt wurde erstmals 1972 von Fischer Black, Michael Jensen und Myron Scholes beschrieben.

Doch es gibt weitere Erklärungen für das Low-Volatility-Phänomen. Robert Novy-Marx, Professor für Finanzen an der Universität Rochester, fand heraus, dass es sich um niedrig bewertete Aktien mit hoher Rentabilität handele. Ein Blick auf die gehaltenen Werte offenbart, was Anlegende bei solchen Low-Volatility-ETF generell erwartet – viele klassische Value-Unternehmen. In den Top 10 befanden sich zum Jahresende 2023 unter anderem Cisco, Merck, Motorola, Novartis, Pepsico, Deutsche Telekom und IBM.

Es stellt sich allerdings die Frage, welche Bedeutung dieser Befund für Investorinnen und Investoren hat, bei denen der absolute Ertrag im Vordergrund steht. Für sie dürfte der Vorteil irrelevant sein. Der Reiz bei Low-Volatility-Investments liegt in der Zeit nach einer Baisse: Verliert ein Portfolio 10 Prozent, muss man nur 11,1 Prozent verdienen, um auf den ursprünglichen Stand zurückzukommen. Gibt es hingegen 50 Prozent nach, muss man 100 Prozent gutmachen.

Low Volatility ist also sinnvoll für die, die an der Börse mitspielen wollen, aber nicht das volle Risiko wünschen. Allerdings ist das Timing wie immer eine Kunst. Deshalb eignet sich ein breit anlegender ETF am besten, um diese Strategie zu verfolgen.

→ Die Vor- und Nachteile der Low-Volatility-Strategie

Die Vorteile der Low-Volatility-Strategie liegen in geringeren Wertschwankungen und im geringeren maximalen Risiko: Die Kursverluste sind im Regelfall niedriger als bei marktbreit gestreuten oder risikoreichen Produkten. Dem stehen folgende Nachteile gegenüber: Das geringere Risiko mündet meist in einer geringeren zu erwartenden Rendite. Die stabilen Aktien, die in schlechten Zeiten weniger verlieren, bieten in guten Börsenzeiten auch eine weniger hohe Wertsteigerung. Aufgrund der Höchstgrenzen für einzelne Aktien profitieren Low-Volatility-ETF zudem in geringerem Umfang von den guten Kursentwicklungen der großen Highflyer an der Börse.

Doch auch Low-Volatility-ETF sind nicht vor deutlichen Verlusten gefeit. Die Strategie kann in der Krise die Verluste begrenzen, aber nicht vermeiden. Das zeigte sich 2022: Der MSCI World gab auf Euro-Basis um rund 12 Prozent nach, aber auch die Risikominimierer büßten gut 4,2 Prozent ein.

Für wen eignen sich solche Low-Volatility-ETF also überhaupt? Allgemein empfehlen sie sich für nervöse Investorinnen und Investoren, die mit Schwankungen mental schlecht zurechtkommen. Die zweite Zielgruppe sind Menschen, die sich zunächst an die Börse herantasten wollen, um zu sehen, ob Aktien oder ETF für sie geeignet sind.

Außerdem ist zu bedenken, dass die Märkte in der westlichen Welt generell eine geringere Volatilität aufweisen als etwa Schwellenländer. Wer also in diesem Teil der Welt investiert sein will, könnte schon einen Gedanken darauf verschwenden, in einen Emerging-Markets-ETF mit geringerer Volatilität zu investieren. Auch dafür hat MSCI einen Index geschaffen: Den MSCI Emerging Markets Minimum Volatility.

Dieser Index hält zwar in China seinen größten Anteil, die Top 10 dominieren aber Unternehmen aus Taiwan. Auch da ist kein Unternehmen mit mehr als aktuell 1,46 Prozent gewichtet. Die Emerging-Markets-Low-

Volatility-Lösung bringt nicht nur geringere Schwankungen, sondern meist auch noch eine bessere Rendite. Zumindest wer auf der Suche nach Schwellenländern für sein Depot ist, wäre mit einem Low-Volatility-ETF in den letzten Jahren meist besser gefahren.

Das Problem liegt in der Praxis: Low-Volatility-ETF auf Schwellenländer gibt es nicht. Am ehesten käme noch der sehr spezielle Invesco FTSE Emerging Markets High Dividend Low Volatility UCITS ETF Dist. (IE00BYYXBF44) infrage, der Low Volatility mit der Dividendenstrategie kombiniert.

Fazit: Die Verminderung des Risikos bei der Low-Volatility-Strategie hat den Preis, dass auch die Performance phasenweise deutlich reduziert ist. Über längere Zeiträume kann das Rendite-Risiko-Verhältnis dann schlechter als beim MSCI World sein. Defensive Investoren können die Strategie aber beimischen, um das Gesamtrisiko ewas zu reduzieren.

Auf Bilanzkennzahlen achten

Qualität bei den Unternehmenskennzahlen setzt sich durch – die Strategie dazu heißt Quality-Investing.

Bei der Quality-Strategie setzen Anlegerinnen und Anleger – wie der Name es vermuten lässt – auf qualitativ hochwertige Aktien. Dazu werden zum Beispiel Bilanzkennzahlen herangezogen. Die Idee ist nicht neu. Seit spätestens 2007 berechnet zum Beispiel die Firma Rafi Indizes, die Aktien anhand von Buchwert, Cashflow, Umsätzen und Dividenden auswählen. Invesco bietet auf diese Indizes auch heute noch ETF an. Buchwert, also Value, als Faktor und Dividenden als Strategie wurden in diesem Ratgeber schon vorgestellt.

Der Faktor „Quality" geht aber über das einfache Anwenden von Bilanzkennzahlen hinaus: Gesucht werden Indikatoren, die nach wissenschaftlicher Analyse einen Mehrwert versprechen – ein besseres Rendite-Risiko-Profil. Dieser Faktor erhielt 2015 neuen Auftrieb, als die „Faktor-Päpste" Fama und French neue Faktoren in ihr Modell integrierten, die sich einfach gesprochen aus Bilanzkennzahlen ableiten.

Die Strategie ist also noch jung. Sie unterstellt, dass hochwertige Unternehmen langfristig überdurchschnittliche Renditen er-

Qualität setzt sich durch

Eine der vielversprechendsten Faktor-Strategien ist „Quality". Die Outperformance seit Ende der 90er Jahre ist beeindruckend. Anlegende sollten beachten, dass die Strategie noch nicht so alt ist, sondern zurückgerechnet wurde.

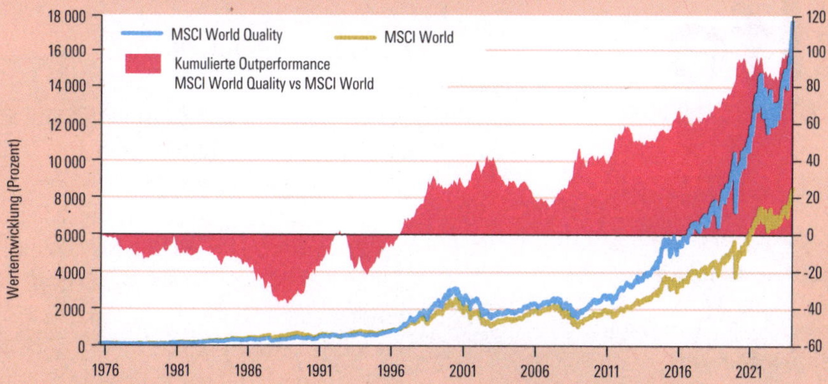

Quelle: Refinitiv, eigene Berechnungen Stand: 19.03.2024

zielen, selbst wenn sie nicht „billig" gekauft werden. Langfristcharts beruhen auf Rückberechnungen der Indexanbieter.

Warren Buffett, der den Fonds Berkshire Hathaway verwaltet, wird zwar oft als Paradebeispiel für einen erfolgreichen Value-Manager genannt, doch sein Ansatz enthält deutliche Quality-Merkmale.

Im Unterschied zu den bisher vorgestellten Faktoren ist Quality aber am wenigsten klar umrissen. Jeder Manager oder Indexanbieter kocht sein eigenes Süppchen mit seinem speziellen und einzigartigen Kennzahlen-Mix. Ob ein Index sich auf gut untersuchte Bilanzkennzahlen stützt oder nicht, ist für Laien schwer zu erkennen.

Der MSCI World Quality Index zum Beispiel nutzt zur Aktienauswahl die Eigenkapitalrendite, ein stabiles Gewinnwachstum und den Verschuldungsgrad. Unternehmen, die bei den genannten Merkmalen positiv abschneiden, werden in diesen Quality-Index aufgenommen. Der Index wird seit 2008 berechnet. Neuere Studien sprechen von diesen drei Auswahlkriterien nur einem echte Faktorrelevanz zu: der Eigenkapitalrendite. Trotzdem hat sich der Index über lange Perioden besser als der normale MSCI World Index entwickelt.

Das Schaubild oben zeigt zumindest für den MSCI World Quality Index, dass es zu Beginn nicht gut für Investoren gelaufen wäre, die ihr Geld nach dieser Strategie angelegt hätten. Über die letzten 35 Jahre hat die Strategie aber besser performt.

Fazit: Wissenschaftlich fundierte Quality-Kennzahlen hin oder her – am Ende werden die meisten Anlegenden auf die bisherige Wertentwicklung schauen. Aber aufgrund des jungen Alters dieser Strategien und der abgebildeten Indizes sollten sie auch hier nicht alles auf eine Karte setzen. Sie tun gut daran, Quality-Strategien lediglich beimischen.

Hilfe

Zu den Fondstabellen

Die ETF-Tabellen zeigen eine Auswahl anhand folgender Kriterien: pro Index und Anbieter zeigen wir ein Sondervermögen, pro Sondervermögen eine Anteilsklasse. Der ETF muss an deutschen Börsen handelbar, mindestens 50 Mio. Euro groß und mindestens ein Jahr alt sein. Swap-ETF sind nur für Rohstoffe erlaubt. Sofern die Nachhaltigkeit bewertet wird, muss der ETF mindestens drei Punkte in der Nachhaltigkeit haben.
Weitere Details und Bewertungen zu diesen und zahlreichen weiteren Fonds finden Sie immer aktuell im Fondsfinder von Finanztest unter test.de/fonds (mit Flatrate kostenfrei).

T = Thesaurierend A = Ausschüttend
Kosten = Sonstige laufende Kosten laut PIB
1) Investiert auch in Schwellenländer.
Stand: 29. Februar 2024
Quelle: FWW, Refinitiv, eigene Erhebungen

Basisfondsgruppen

Nachgebildeter Index	ETF-Anbieter	Isin	Ertragsverwendung	Kosten (%)
Aktien Welt: marktbreit klassisch				
FTSE All-World [1]	Vanguard	IE00B3RBWM25	A	0,22
FTSE Developed	Vanguard	IE00BKX55T58	A	0,12
MSCI ACWI Investable Market (IMI) [1]	SPDR	IE00B3YLTY66	T	0,17
MSCI All Country World (ACWI) [1]	iShares	IE00B6R52259	T	0,2
MSCI All Country World (ACWI) [1]	SPDR	IE00B44Z5B48	T	0,4
MSCI World	Amundi	LU1781541179	T	0,12
MSCI World	Deka	DE000ETFL508	A	0,3
MSCI World	HSBC	IE00B4X9L533	A	0,15
MSCI World	iShares	IE00B4L5Y983	T	0,2
MSCI World	SPDR	IE00BFY0GT14	T	0,12
MSCI World	UBS	IE00B7KQ7B66	A	0,3
MSCI World	Xtrackers	IE00BK1PV551	A	0,12
Solactive GBS Developed Markets Large & Mid Cap	Amundi	LU1931974692	A	0,05
Aktien Welt: marktbreit nachhaltig				
MSCI ACWI SRI Low Carbon Select 5% Issuer Capped [1]	UBS	IE00BDR55471	T	0,3
MSCI World SRI Low Carbon Select 5% Issuer Capped	UBS	IE00BK72HJ67	T	0,2
MSCI World SRI S-Series PAB 5% Capped	BNP Easy	LU1291108642	T	0,25
MSCI World SRI Select Reduced Fossil Fuels	iShares	IE00BYX2JD69	T	0,2

Nachgebildeter Index	ETF-Anbieter	Isin	Ertragsverwendung	Kosten (%)
Staatsanleihen Euro: marktbreit klassisch				
Bloomberg Euro Treasury	iShares	IE00B4WXJJ64	A	0,07
Bloomberg Euro Treasury	SPDR	IE00B3S5XW04	A	0,1
Bloomberg Euro Treasury	Vanguard	IE00BZ163H91	A	0,07
Bloomberg Euro Treasury 50bn	Amundi	LU1650490474	T	0,14
JPM GBI EMU Investment Grade	Amundi	LU1737653714	A	0,14
Markit iBoxx EUR Sovereigns Eurozone	Xtrackers	LU0643975591	A	0,09
Solactive Eurozone Government Bond	Amundi	LU2089238898	T	0,05
Staatsanleihen Euro: marktbreit nachhaltig				
FTSE Advanced Climate Risk-Adjusted EMU Government	iShares	IE00BLDGH553	T	0,09
JPM ESG EMU Government Bond IG	BNP Easy	LU1481202692	T	0,15
Staats- und Unternehmensanleihen Euro: marktbreit klassisch				
Bloomberg Euro Aggregate	SPDR	IE00B41RYL63	A	0,17
Staats- und Unternehmensanleihen Euro: marktbreit nachhaltig				
Bloomberg MSCI Euro Aggregate Sustainable and Green Bond SRI	iShares	IE00B3DKXQ41	A	0,16
Bloomberg MSCI Euro Aggregate Sustainable SRI Sector Neutral	Amundi	LU2182388236	T	0,16

Beimischungen

Nachgebildeter Index	ETF-Anbieter	Isin	Ertragsverwendung	Kosten (%)
Aktien Welt: Momentum				
MSCI World Momentum	iShares	IE00BP3QZ825	T	0,3
MSCI World Momentum	Xtrackers	IE00BL25JP72	T	0,25
Aktien Welt: Quality				
MSCI World Sector Neutral Quality	iShares	IE00BP3QZ601	T	0,3
MSCI World Sector Neutral Quality	Xtrackers	IE00BL25JL35	T	0,25
Aktien Welt: Dividenden				
FTSE All-World High Dividend Yield	Vanguard	IE00B8GKDB10	A	0,29
Stoxx Global Select Dividend 100	iShares	DE000A0F5UH1	A	0,46
Aktien Welt: Value				
MSCI World Enhanced Value	iShares	IE00BP3QZB59	T	0,3
MSCI World Enhanced Value	Xtrackers	IE00BL25JM42	T	0,26
Aktien Welt: Geringe Volatilität				
MSCI World Minimum Volatility (USD)	iShares	IE00B8FHGS14	T	0,3
MSCI World Minimum Volatility (USD)	Xtrackers	IE00BL25JN58	T	0,26
Aktien Small Cap Welt: marktbreit klassisch				
MSCI World Small Cap	iShares	IE00BF4RFH31	T	0,35
MSCI World Small Cap	SPDR	IE00BCBJG560	T	0,45
Aktien Small Cap Welt: marktbreit nachhaltig				
MSCI World Small Cap ESG Enhanced Focus CTB	iShares	IE000T9EOCL3	T	0,35
MSCI World Small Cap SRI Low Carbon Select 5% Issuer Capped	UBS	IE00BKSCBX74	T	0,2

Nachgebildeter Index	ETF-Anbieter	Isin	Ertragsverwendung	Kosten (%)
Aktien Technologie Welt: marktbreit klassisch				
MSCI World Information Technology 20-35 Custom	Xtrackers	IE00BM67HT60	T	0,25
MSCI World Information Technology 35/20 Capped	SPDR	IE00BYTRRD19	T	0,3
Aktien Technologie Welt: marktbreit nachhaltig				
MSCI World Information Technology ESG Reduced Carbon Select 20 35 Capped	iShares	IE00BJ5JNY98	A	0,18
Aktien Gesundheit / Pharma Welt: marktbreit klassisch				
MSCI World Health Care	Xtrackers	IE00BM67HK77	T	0,25
MSCI World Health Care 35/20 Capped	SPDR	IE00BYTRRB94	T	0,3
Aktien Gesundheit / Pharma Welt: marktbreit nachhaltig				
MSCI World Health Care ESG Reduced Carbon Select 20 35 Capped	iShares	IE00BJ5JNZ06	A	0,18
Aktien Biotechnologie Welt: klassisch				
Nasdaq Biotechnology	iShares	IE00BYXG2H39	T	0,35
Aktien Neue Energien Welt				
Bloomberg BioEnergy ESG	Amundi	LU1681046006	T	0,35
MSCI ACWI IMI New Energy ESG Filtered	Amundi	FR0010524777	A	0,6
Nasdaq OMX Clean Edge Smart Grid Infrastructure	First Trust	IE000J80JTL1	T	0,63
S&P Global Clean Energy	iShares	IE00B1XNHC34	A	0,65
Solactive Clean Energy	L&G	IE00BK5BCH80	T	0,49
WilderHill New Energy Global Innovation	Invesco	IE00BLRB0242	T	0,6
Aktien Thema Batterien Welt				
Solactive Battery Value-Chain	L&G	IE00BF0M2Z96	T	0,49
WisdomTree Battery Solutions	WisdomTree	IE00BKLF1R75	T	0,4

Nachgebildeter Index	ETF-Anbieter	Isin	Ertragsverwendung	Kosten (%)
Aktien Thema Mobilität Welt				
MSCI ACWI IMI Future Mobility ESG Filtered	Amundi	LU2023679090	T	0,45
Nasdaq Global Future Mobility	Xtrackers	IE00BGV5VR99	T	0,35
Stoxx Global Electric Vehicles & Driving Technology	iShares	IE00BGL86Z12	T	0,4
Aktien Europa: marktbreit klassisch				
FTSE Developed Europe	Vanguard	IE00B945VV12	A	0,11
MSCI Europe	Amundi	FR0010261198	T	0,25
MSCI Europe	Deka	DE000ETFL284	A	0,3
MSCI Europe	HSBC	IE00B5BD5K76	A	0,1
MSCI Europe	iShares	IE00B4K48X80	T	0,12
MSCI Europe	SPDR	IE00BKWQ0Q14	T	0,25
MSCI Europe	UBS	LU0446734104	A	0,2
MSCI Europe	Xtrackers	LU0274209237	T	0,13
Solactive GBS Developed Markets Europe Large & Mid Cap	Amundi	LU1931974262	A	0,05
Stoxx Europe 600	Amundi	LU0908500753	T	0,07
Stoxx Europe 600	iShares	DE0002635307	A	0,2
Stoxx Europe 600	Xtrackers	LU0328475792	T	0,21
Aktien Europa: marktbreit nachhaltig				
MSCI Europe SRI Filtered PAB	Amundi	LU1861137484	T	0,18
MSCI Europe SRI Low Carbon Select 5% Issuer Capped	UBS	LU2206597804	T	0,2

Nachgebildeter Index	ETF-Anbieter	Isin	Ertragsverwendung	Kosten (%)
MSCI Europe SRI S-Series PAB 5% Capped	BNP Easy	LU1753045415	A	0,25
MSCI Europe SRI Select Reduced Fossil Fuels	iShares	IE00B52VJ196	T	0,2
Aktien Gesundheit / Pharma Europa: marktbreit klassisch				
MSCI Europe Health Care 20/35 Capped	iShares	IE00BMW42181	T	0,18
MSCI Europe Health Care 35/20 Capped	SPDR	IE00BKWQ0H23	T	0,18
Stoxx Europe 600 Health Care	iShares	DE000A0Q4R36	A	0,46
Aktien Gesundheit / Pharma Europa: marktbreit nachhaltig				
MSCI Europe Health Care ESG Screened 20-35	Xtrackers	LU0292103222	T	0,2
Aktien Schwellenländer global: marktbreit klassisch				
FTSE Emerging	Vanguard	IE00B3VVMM84	A	0,22
MSCI EM Investable Market (IMI)	iShares	IE00BKM4GZ66	T	0,18
MSCI Emerging Markets (EM)	HSBC	IE00B5SSQT16	A	0,15
MSCI Emerging Markets (EM)	iShares	IE00B0M63177	A	0,18
MSCI Emerging Markets (EM)	SPDR	IE00B469F816	T	0,18
MSCI Emerging Markets (EM)	UBS	LU0480132876	A	0,2
MSCI Emerging Markets (EM)	Xtrackers	IE00BTJRMP35	T	0,18
Aktien Schwellenländer global: marktbreit nachhaltig				
MSCI EM SRI Filtered PAB	Amundi	LU1861138961	T	0,25
MSCI EM SRI Low Carbon Select 5% Issuer Capped	UBS	LU1048313891	A	0,3
MSCI EM SRI Select Reduced Fossil Fuels	iShares	IE00BYVJRP78	T	0,25

Nachgebildeter Index	ETF-Anbieter	Isin	Ertragsverwendung	Kosten (%)
Aktien Deutschland: marktbreit klassisch				
Dax	Amundi	FR0010655712	T	0,1
Dax	Deka	DE000ETFL011	T	0,2
Dax	iShares	DE0005933931	T	0,16
Dax	Xtrackers	LU0274211480	T	0,09
FTSE Germany All Cap	Vanguard	IE00BG143G97	A	0,1
Rohstoffe gemischt ex Agrar Welt				
Bloomberg Commodity Energy and Metals Equal-Weighted	Amundi	LU1829218749	T	0,3
Bloomberg Commodity ex-Agri & Livestock 15/30 Cap 3 M Forward	Xtrackers	LU0460391732	T	0,29
Bloomberg Commodity ex-Agri & Livestock 20/30 Cap	Invesco	IE00BYXYX521	T	0,19
BNP Paribas Energy & Metals Enhanced Roll	BNP Easy	LU1291109616	T	0,39
Morgan Stanley Radar ex Agriculture & Livestock Commodity	WisdomTree	IE00BDVPNS35	T	0,35
UBS CMCI Ex-Agriculture Ex-Livestock Capped	UBS	IE00BZ2GV965	T	0,3
Rohstoffe gemischt Welt				
Barclays Backwardation Tilt Multi-Strategy Capped	L&G	IE00BFXR6159	T	0,3
Bloomberg Commodity	iShares	IE00BDFL4P12	T	0,19
Bloomberg Commodity	L&G	IE00BF0BCP69	T	0,15
Bloomberg Commodity	WisdomTree	IE00BKY4W127	T	0,19
Bloomberg Commodity 3 Month Forward	L&G	IE00B4WPHX27	T	0,3

Nachgebildeter Index	ETF-Anbieter	Isin	Ertragsverwendung	Kosten (%)
Optimised Roll Commodity Index (BNP)	Wisdom-Tree	IE00BYMLZY74	T	0,35
Rogers International Commodity (RICI)	Market Access	LU0249326488	T	0,6
UBS BCOM Constant Maturity Commodity	UBS	IE00BYYLVH00	T	0,3
UBS CMCI Composite	UBS	IE00B53H0131	T	0,3

Gold-ETC mit Auslieferungsmöglichkeit

Name	Anbieter	Isin	Auflagejahr	Kosten (%)
Euwax Gold	Boerse Stuttgart Securities	DE000EWG0LD1	2012	0 [1)]
Euwax Gold II	Boerse Stuttgart Securities	DE000EWG2LD7	2017	0 [1)]
Wisdomtree Gold Bullion Securities	Gold Bullion Securities	GB00B00FHZ82	2007	0,4
HANETF The Royal Mint Responsibly Sourced Physical Gold	HANetf ETC Securities	XS2115336336	2020	0,25
Wisdomtree Core Physical Gold	WisdomTree Metal Securities	JE00BN2CJ301	2020	0,12
Wisdomtree Physical Swiss Gold	WisdomTree Metal Securities	JE00B588CD74	2009	0,15
Xetra Gold	Deutsche Börse Commod.	DE000A0S9GB0	2007	0,36 [2)]

1) Keine jährlichen Kosten, dafür teils deutlich höhere Geld-Brief-Spannen.
2) Jährliche Kosten für die Verwahrung im Wertpapierdepot. Stand: 29. Februar 2024
Quelle: FWW, Refinitiv, eigene Erhebungen

Chancen und Risiken wichtiger Anlagemärkte

Anlagemarkt	Risiko		Rendite (Prozente pro Jahr)			
	Maximaler Verlust [1] (Prozente)	Längste Verlustdauer [1] (Jahre)	20 Jahre	10 Jahre	5 Jahre	1 Jahr
Aktien Welt (Kerninvestment Renditebaustein)						
All Country World	–48	5,5	8,9	11,6	12,2	21,3
Aktien-Welt	–49	5,6	9,2	12,4	13,4	23,1
Aktien-Welt-SRI	–	–	–	13,2	14,7	23,0
Entwickelte Märkte						
USA	–47	4,7	10,7	15,4	15,9	28,1
Japan	–49	8,8	5,9	9,2	8,8	24,9
Dax	–52	5,3	7,7	6,2	9,0	15,1
Europa	–54	6,3	6,9	7,2	9,1	11,1
Schwellenländer						
Schwellenländer	–56	3,5	7,5	5,9	3,3	7,0
China	–60	7,2	6,9	3,7	–5,0	–15,47
Stile und Faktoren						
Quality	–37	3,0	11,9	15,8	17,5	37,0
Geringe Volatilität	–39	4,5	8,9	10,9	7,6	11,3
Growth	–44	4,3	10,4	14,8	16,7	35,3
Momentum	–46	4,5	12,0	14,3	14,1	29,4
Value	–53	5,8	7,8	9,5	9,3	11,3
Dividenden	–55	5,7	8,1	9,4	8,7	10,1
Kleine Werte	–55	5,7	7,1	7,5	6,4	4,7

Anlagemarkt	Risiko		Rendite (Prozente pro Jahr)			
	Maximaler Verlust [1)] (Prozente)	Längste Verlustdauer [1)] (Jahre)	20 Jahre	10 Jahre	5 Jahre	1 Jahr
Sektoren						
Gesundheit	–31	3,9	10,1	12,0	11,7	12,6
IT	–45	4,2	13,6	22,5	24,6	51,1
New-Energy	–87	16,2	1,1	6,8	10,3	–28,0
Rohstoffe						
Gold	–36	6,8	9,3	7,0	10,4	9,5
Rohstoffe	–61	13,8	2,4	2,9	11,9	5,3
Euro-Zinsmärkte (Kerninvestment Sicherheitsbaustein)						
Tagesgeld	0	0,0	1,3	0,5	1,0	3,8
Euro-Staats- und Unternehmensanleihen	–20	3,2	2,6	0,7	–1,5	5,3
Euro-Staatsanleihen	–21	3,2	2,7	0,8	–1,7	5,0

Auswahl wichtiger Anlagemärkte. Reihenfolge nach maximaler Verlust. – = Indexzeitreihe ist nicht alt genug.
1) Bezieht sich auf 20-Jahreszeitraum. Quelle: Refinitiv, eigene Berechnungen Stand: 29. Februar 2024

Stichwortverzeichnis

K

L

M

N

O

P & Q

R

S

T

U

V

W

Die Stiftung Warentest wurde 1964 auf Beschluss des Deutschen Bundestages gegründet, um dem Verbraucher durch vergleichende Tests von Waren und Dienstleistungen eine unabhängige und objektive Unterstützung zu bieten.

Wir kaufen – anonym im Handel, nehmen Dienstleistungen verdeckt in Anspruch.

Wir testen – mit wissenschaftlichen Methoden in unabhängigen Instituten nach unseren Vorgaben.

Wir bewerten – von sehr gut bis mangelhaft, ausschließlich auf Basis der objektivierten Untersuchungsergebnisse.

Wir veröffentlichen – anzeigenfrei in unseren Büchern, den Zeitschriften test und Finanztest und im Internet unter www.test.de.

Der Autor: Thomas Stoll ist Wirtschaftsjournalist und hat Volkswirtschaftslehre in Köln studiert. Er arbeitete unter anderem für Finanztest, das Wirtschaftsmagazin Capital und als Chefredakteur mehrerer Bankenmagazine. Seit Mitte 2022 ist er als freier Autor tätig. Für die Stiftung Warentest hat er das Buch „Sicher durch die Inflation" verfasst.

Stiftung Warentest
Lützowplatz 11–13
10785 Berlin
Telefon 030/26 31–0
Fax 030/26 31–25 25
www.test.de
email@stiftung-warentest.de

USt-IdNr.: DE136 72 55 70

Vorständin: Julia Bönisch
Weitere Mitglieder der Geschäftsleitung: Dr. Holger Brackemann, Daniel Gläser und Dr. Birger Venn-Hein

Programmleitung: Niclas Dewitz

Autor: Thomas Stoll
Projektleitung/Lektorat: Philipp Sperrle
Korrektorat: Christoph Nettersheim
Fachliche Unterstützung: Karin Baur, Simeon Gentscheff, Thomas Krüger, Yann Stoffel

Titelentwurf: Daniela Greven
Layout: Büro Brendel, Berlin
Grafik, Satz, Bildredaktion: Anne-Katrin Körbi
Bildnachweis:
Umschlag: U1 Adobestock, Wunderbild;
U4 Gettyimages (links Duanghathai Phitakjaroenwong, rechts Andreas Balg)
Gettyimages: 10 markfinal; 4 mitte Bunphot; 4 unten Mensent Photography; 5 mitte Aleksandra Zhilenkova; 5 oben, 5 unten, 32, 54, 88, 124 Duanghathai Phitakjaroenwong
Infografiken/Diagramme: Büro Brendel, Berlin; Rene Reichelt (S. 47)
Produktion: Anne-Katrin Körbi
Verlagsherstellung: Rita Brosius (Ltg.), Romy Alig, Susanne Beeh
Litho: tiff.any, Berlin
Druck: Fromm + Rasch GmbH & Co. KG., Osnabrück

ISBN: 978-3-7471-0738-6

Wir haben für dieses Buch 100% Recyclingpapier und mineralölfreie Druckfarben verwendet. Stiftung Warentest druckt ausschließlich in Deutschland, weil hier hohe Umweltstandards gelten und kurze Transportwege für geringe CO_2-Emissionen sorgen. Auch die Weiterverarbeitung erfolgt ausschließlich in Deutschland.